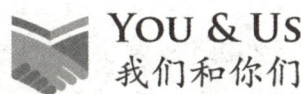

YOU & US
我们和你们

中国和蒙古国的故事

高树茂 / 主编

五洲传播出版社

图书在版编目（CIP）数据

中国和蒙古国的故事 / 高树茂主编. —北京：五洲传播出版社，2018.9
ISBN 978-7-5085-3787-0

Ⅰ．①中… Ⅱ．①高… Ⅲ．①中外关系 – 友好往来 – 蒙古
Ⅳ．① D822.231.1

中国版本图书馆 CIP 数据核字（2017）第 211838 号

中国和蒙古国的故事

主　　编：高树茂
出 版 人：荆孝敏
责任编辑：高　磊
装帧设计：北京八度出版服务机构
出版发行：五洲传播出版社
地　　址：北京市海淀区北三环中路 31 号生产力大楼 B 座 6 层
邮　　编：100088
发行电话：010-82005927，010-82007837
网　　址：www.cicc.org.cn　www.thatsbooks.com
承　　印：北京圣彩虹科技有限公司
版　　次：2019 年 1 月第 1 版第 1 次印刷
开　　本：787×1092mm 1/16
印　　张：15.5
字　　数：200 千字
定　　价：56.00 元

序

　　由中国外交部老干部笔会组稿的"我们与你们"丛书之《中国和蒙古国的故事》出版之际，我谨代表蒙古国人民并以我个人的名义，致以衷心的祝贺，并向尊贵的读者致以亲切的问候！

　　蒙中两国人民因历史机缘，几千年来相邻而居在广阔的亚洲大陆，两国政治关系中没有悬而未决的问题，也没有领土和边界纠纷。两国政治上互信、经济上互补，民间关系亲切友好，在国际和地区事务中密切配合。两国的经济贸易合作稳定发展，近15年间，中国一直是我国最大的贸易伙伴和最大的投资来源国。

　　在双方的共同努力下，蒙中互惠互利的友好关系在所有领域得以深化、扩大，两国建立了全面战略伙伴关系。对此，我深感欣慰。

　　本书的作者们无论是在蒙中两国关系的曲折时期还是友好时期，都始终致力于两国关系发展，并作出了突出贡献。我相信，由这些外交官、学者及其他领域人员的回忆文章组成的这本《中国和蒙古国的故事》，一定会进一步促进两国人民间的相互理解与信任。

　　巩固和加强蒙古国与中华人民共和国的友好合作关系，不仅符合两国人民的根本利益，也将对地区和平、稳定发挥重要作用。

　　祝愿大家智慧无量、心灵纯净、事业兴旺、身心安康！

　　　　　　　　　　　　丹巴·冈呼雅格

　　　　　　　　　　　　蒙古国驻华大使

序

  中国和蒙古国山水相连，拥有 4700 多公里的漫长陆地边界线。两国交往源远流长，人民感情深厚。蒙古国是最早承认新中国的国家之一。自 1949 年中蒙建交以来，两国关系不断发展，成果显著。过去 20 多年间，中蒙高层交往频繁，政治互信不断加深，两国经贸务实合作快速发展。特别是 2014 年 8 月习近平主席对蒙古国"走亲戚式"的访问，更具有划时代意义，为中蒙关系发展绘制了新蓝图，进一步推进了两国在政治、经济、人文等各方面的合作，标志着中蒙关系进入了一个新的历史时期。

  当前，中蒙两国都在致力于改革发展和民族振兴，在中国将"一带一路"倡议上升为国家战略之后，蒙古国也提出了"草原之路"（2017 年 5 月改称"发展之路"）计划，希望以此和中方的"一带一路"对接，打造一条贯通亚欧的经济大走廊。通过"一带一路"和"发展之路"的对接，可以把两国的发展战略更好地结合起来，中蒙关系的发展无疑具有极为广阔的前景。

  中蒙两国是守望相助的好邻居、互利共赢的好伙伴和常来常往的好朋友。我们高兴地看到，外交笔会和五洲传播出版社联合编辑出版的《中国和蒙古国的故事》，很好地诠释了两国和两国人民之间的这种友好关系。本书各位作者是中蒙关系一路走来的开拓者、亲历者和见证者，他们长期为中蒙友好默默耕耘，在各自领域为两国全面战略伙伴关系的发展作出了重要贡献。各位作者结合自身经历，从不同侧面讲述中蒙友好的动人故事，带领我们重温激情岁月，体会中蒙关系硕果的来之不易。相信这本书的出版将会吸引两国更多的民众参与到中蒙友好事业中来，续写中蒙友好关系新的篇章。

　　十分荣幸的是，我从青年时代起就投身于中蒙友好事业，与蒙古国这片美丽的土地结下了不解之缘。当前，两国关系发展势头良好，各个领域的合作交流顺利发展，两国人民的友谊日益加深。我深信，中蒙关系的明天一定会更加美好！

张德麟

中国前驻蒙古国大使、中蒙友好协会会长

目 录

记忆篇

中蒙友好情深谊厚

张德麟（中国前驻蒙古国大使）

中国和蒙古国互为重要的邻国，两国人民的友谊源远流长。蒙古国是中国与之拥有最长陆地边界的邻邦，也是世界上最早同新中国建立外交关系的国家之一。回顾半个多世纪以来的中蒙关系，不难看到一条清晰的脉络。两国关系尽管因为受到人所共知的相关时期国际形势的影响而有过一些疙瘩，经历过一段曲折，但睦邻友好终究是主流。

建交经过和建交日期的确定

1949 年 10 月 1 日新中国宣告成立后，蒙古方面即由其总理兼外交部长乔巴山元帅于 10 月 6 日致电周恩来总理兼外交部长，表示"蒙古人民共和国政府真诚不渝地愿与中国人民建立密切的友好关系"，宣告"决定在蒙古人民共和国与中华人民共和国之间建立外交关系并互派外交代表"。同日，蒙古政府宣布同当时在广州的国民党政府断绝外交关系。10 月 16 日，周恩来复电乔巴山，表示"热忱欢迎"立即建交并互派外交代表。就这样，两国之间建立了外交关系，但来回两封电报均未明确提到自何年何月何日起建交。

此后，中方即以周恩来的复电日期 1949 年 10 月 16 日为中蒙建交日，而蒙方则以乔巴山 1949 年 10 月 6 日的发电日期为两国建交日。蒙方的这一认识在其官方材料中一直维持了 10 年之久。直到 1959 年两国建交 10 周年的时候，由于双方要为这一日子共同举办纪念活动，中方认为有必要对两国建交日期取得一个共识，遂通过外交

1952 年 10 月 4 日，周恩来总理和蒙古部长会议主席泽登巴尔在北京签订两国经济文化合作协定。(供图：FOTOE)

渠道，由中国驻蒙使馆向蒙外交部提出。经过双方友好磋商，蒙方同意两国建交日期为 1949 年 10 月 16 日，双方就此取得共识。我当时作为中国驻蒙使馆的主要译员，曾有幸参与了这一磋商，故记忆深刻。中蒙两国在建交 10 年之后才正式确认具体的建交日子，这在中国的对外关系史上恐怕是绝无仅有的。

早期的黄金时期

建交后不久，两国关系逐步发展，有过一个为期十多年的友好发展时期，被称为中蒙关系的"黄金十年"。

1952 年 9 月 28 日至 10 月 17 日，蒙古部长会议主席（即政府总理）泽登巴尔率蒙古政府代表团访华，这是新中国成立后第一位外国政府首脑正式访华，受到中方热烈隆重的高规格接待。访问期间，双方签订了《中蒙经济及文化合作协定》，这是两国间签订的第一个协定，为两国的友好合作关系奠定了政治基础。

1954 年 7 月 31 日至 8 月 1 日，周恩来总理在参加日内瓦会议后回国途中访问蒙古，这是蒙古接待的第一位外国政府首脑，蒙方给予了极为热情友好的接待。访问期间虽未签署任何协议文件，但这一访问本身就是中蒙关系中的一件大事，促进了两国友好关系的迅速发展，增进了两国人民的深厚友谊。

此后，中国向蒙古提供了经济技术援助，利用一笔无偿援助和两笔低息贷款，为蒙方建成并移交了 20 多个成套项目，包括生产性项目、基础设施项目和民生项目。同时，中国还向蒙古提供了劳动力援助，以帮助蒙方解决劳动力不足的困难。自 1955 年至 1964 年的九年间，中国政府先后向蒙古派出员工 27000 多人次。中国员工在蒙最多的年份曾达 12000 人。在这期间，中国员工和蒙古人民一起，积极参加蒙古的生产建设，同蒙古工人共同劳动，同工同酬，互相学习，互

1960 年 5 月 27 日，周恩来总理第二次访问蒙古，受到群众的夹道欢迎。（供图：FOTOE）

相帮助，从而增进了两国人民和两国工人阶级之间的相互了解和信任，促进了两国友好合作关系的发展。

与此同时，蒙方于 1958 年向中方无偿赠送役马 15000 匹，支援中国的农业生产。1961 年，蒙古向中国无偿提供 1000 吨牛羊肉、6000 吨面粉和 10000 吨小麦，以帮助中国人民克服困难。

1960 年 5 月，周恩来总理第二次访蒙期间，两国缔结了《中蒙友好互助条约》。1962 年 12 月，两国经过友好谈判，签订了《中蒙边界条约》，正式划定了两国的边界线，从而圆满地解决了历史遗留的边界问题。边界的正式划定是中蒙关系史上的重大事件，它为两国边境的安宁和边民的和睦相处创造了有利条件，使中蒙边界从此成为一条和平友好的边界。

亲历关系正常化

从上世纪 60 年代初期起，中蒙关系渐趋冷淡，还发生了一些不愉快的事件。但即使如此，双方仍维持了外交关系和各自驻对方的大使馆，少量的贸易和邮电、气象、铁路运输等领域的联系仍未中断。到了 80 年代中后期，随着国际形势的变化，原先影响中蒙关系复杂化的外部因素逐渐消除，通过双方的共同努力，两国关系开始回暖。先是文化、体育、群众团体、议会、边界事务等领域的交流逐步得到恢复，两国外交部长连续 5 年在出席联合国大会期间在纽约会晤，就改善双边关系问题交换意见；接着，两国执政党的联络部长通过接触和互访，实现了两党关系正常化。1989 年 3 月蒙古外长访华，8 月中国外长访蒙，标志着两国国家关系实现了正常化。

1989 年 3 月蒙古外长贡布苏伦访华时，我作为中国外交部亚洲司分管东北亚事务的负责人，曾参与接待并陪同去外地参观访问。8 月钱其琛外长访蒙时，我也被任命为驻蒙古大使并赶在钱外长访问前到

1990 年，张德麟大使夫妇在蒙中友好合作社牧
民家中共度春节。

任，以便陪同访问。

钱其琛外长同贡布苏伦外长会谈时，双方就蒙古人民革命党中央
总书记、大人民呼拉尔主席团主席（即国家元首）姜·巴特蒙赫访华
问题达成了原则协议，连具体日期都确定了。但 1990 年初蒙古政局
开始发生变化，党政领导人大幅更迭。3 月中旬，姜·巴特蒙赫被免
去了党和国家的领导职务。3 月 21 日，彭·奥其尔巴特当选大人民呼
拉尔主席团主席。奥其尔巴特当选次日，蒙古新任部长会议主席贡嘎
道尔吉在会见正在蒙古访问的中国政府代表团时提出，拟由奥其尔巴
特替代巴特蒙赫，按双方原先商定的日期和日程正式访华。中方迅速
作出回应，由国家主席杨尚昆向奥其尔巴特发出了邀请。这样，奥其
尔巴特主席携夫人于 1990 年 5 月 4 日至 7 日对中国进行了正式友好

访问。这次访问是蒙古最高领导人时隔 28 年后首次访华。我作为时任驻蒙大使，曾有幸奉召回国与夫人一起参加接待工作，全程陪同奥其尔巴特主席夫妇访问。1991 年 8 月，杨尚昆主席应奥其尔巴特总统（1990 年 9 月蒙古政体改变，奥其尔巴特当选为蒙古国首任总统）的邀请对蒙古进行了正式友好访问，这是中蒙建交以来中国国家主席第一次访蒙，受到隆重热情的接待。

90 年代初双方国家元首互访以后，中蒙关系进入了一个新的发展阶段，取得了长足的进展。20 多年来，两国最高领导人江泽民、胡锦涛、习近平，巴嘎班迪、恩赫巴亚尔、额勒贝格道尔吉等先后进行了互访。1994 年，两国在 1960 年《中蒙友好互助条约》的基础上修订并签订了《中蒙友好合作关系条约》，2003 年宣布建立"睦邻互信伙伴关系"，2011 年提升为"战略伙伴关系"，2014 年习近平主席应邀访蒙期间更升格为"全面战略伙伴关系"。近年来，两国高层交往密切，政治互信加深，各个领域的互利合作不断扩大，双方在人文领域的交流方兴未艾，在国际和地区事务中，双方在许多问题上有着相同或相近的看法，保持着良好的沟通和配合。中方坚定不移地尊重蒙古

1991 年，张德麟大使在蒙古草原上骑马。

1991 年 7 月，张德麟大使参加中蒙塔克什肯口
岸开通仪式，在垒石界碑蒙方一侧留影。

国的独立和领土完整，尊重蒙古人民自主选择的发展道路，尊重蒙古
国的无核区地位。蒙方一贯坚持一个中国政策，支持中国的和平统一
大业，支持中国政府在涉台、涉藏问题上的立场。这种相互尊重和支
持为两国关系的顺利发展夯实了牢固的基础。

　　我从青年时代起就投身于中蒙友好事业，曾在蒙古国这片美丽的
土地上先后学习、工作、生活了 25 个寒暑，亲历了中蒙关系发展的各
个阶段，结识了蒙古各界的许多朋友，同他们建立了深厚的友谊。回
顾中蒙关系的发展历史，目击当前两国关系发展势头良好，各个领域
的合作交流迅速发展，两国人民的友谊日益加深，两国关系处于最佳
时期，我深感欣慰，深信今后两国的全面战略伙伴关系必将迈上一个
更新的台阶，中蒙两国人民必将永远是好邻居、好朋友、好伙伴。

蒙中关系，在我的生活中

哈·阿尤尔扎那（蒙古国前驻华大使）

张　源 译；刘迪南 校

　　蒙中两国是永远的邻居。两国关系所走过的历史道路并非宽阔平坦的，而是既有良好时期，也有困难时期。从中国的"文化大革命"时期开始急剧恶化的蒙中关系到上世纪 80 年代起开始复苏，这给我提供了一个亲身参与到两国睦邻友好关系中来的机会。

　　1978 年我从莫斯科国际关系学院毕业后进入外交部工作的时候，正值蒙中关系开始正常化。我刚进入蒙古外交部亚洲司工作不久，孟英继任中华人民共和国驻蒙古人民共和国特命全权大使，向大呼拉尔主席团主席尤·泽登巴尔递交了委任状。我同老外交官额·古尔斯德（Ö. Gursed）一同参加了递交国书的仪式并做了会见记录。这是我第一次参加高层会见，是我开始外交工作的纪念性时刻。此后，我三次被派驻蒙古驻华大使馆，前后在那里工作了 14 年。此外，我两次担任外交部邻国司司长，在使馆和外交部共计工作 30 多年，负责蒙中关系问题，见证了蒙中关系中很多重要事件。

　　1981 年 9 月，我被任命为驻华使馆随员，这给我提供了一个参与两国关系正常化进程的机会。此次在使馆工作期间，我作为蒙中边界第一次联合检查委员会的蒙方专家，代表蒙古参加了两国民航、铁路、气象组织之间进行的会谈及领事协定、蒙中边境条约方面的会谈。

　　同时，我作为中国"文化大革命"后首次访华的蒙中友好协会会员，参加了在北京举行的国际图书博览会，代表使馆将到中国进行访问演出的人民歌舞团从上海（团员从日本到上海）接到北京和呼和浩特演出，并送他们从二连浩特离开。这些都是两国关系中断多年之后，在多个领域复苏的开始。

对我来说，在这些里程碑中，作为蒙中边界第一次联合检查委员会蒙方专家所进行的工作，对于我这个外交战线上的新人来说是一次外交磋商的大型演练。为了在边界检查的问题上直接与中国外交部进行交流，我作为驻北京的使馆工作人员被纳入该委员会专家的队伍中，全程参与了委员会会议。实践证明，了解问题的专家们的工作在争分夺秒解决会议中出现的一切问题中发挥了重要作用。此后，我作为代表和代表团副团长分别参加了蒙中边界条约方面的会谈及边境海关方面的会谈，这两件事对于巩固两国边境稳定、发展两国人民友好关系具有重要意义。

1982—1984 年，两国首次联合检查边界线，这使两国国界更加明确，同时对两国关系的气氛也产生了重要影响。

为签署两国边界联合检查的最终文件，蒙古外交部第一副部长达·云登（D. Yunden）对中国进行了正式访问，会见了时任中国国务委员、外交部长吴学谦，除了边界检查事宜之外，还就两国关系问题交换了意见。这是中国"文化大革命"后两国高层之间首次就政治问题进行讨论。

1984 年 7 月 19 日，蒙古人民共和国政府全权代表、外交部第一副部长达·云登与中华人民共和国政府全权代表、外交部副部长韩叙在北京签署了《中华人民共和国政府和蒙古人民共和国政府关于中蒙边界第一次联合检查的议定书》及其附件《中华人民共和国和蒙古人民共和国边界地图集》，这是边界联合检查的主要成果。

首次边界联合检查的主要成果如下：

（1）检查了在边界议定书中明确的 639 处界标，修复和重建受损界标；

（2）鉴于曾经有过因为界标之间距离过远而难以看清，当地居民在有些地方没有注意到国界线而产生的纠纷，为增加界标密度，新设

1984 年 7 月 19 日，蒙古外交部第一副部长达·云登（左）与中国外交部副部长韩叙在北京签署两国政府《关于中蒙边界第一次联合检查的议定书》及其附件《中华人民共和国和蒙古人民共和国边界地图集》后握手。

立了 474 座辅助界标；

（3）作为边界的河流河道发生改变的，将模糊界路与边界条约、边界议定书的规定结合起来加以明确。特别是变更河流的界定，对于从空中测绘形成新河道的哈拉哈河、努木尔根河、西拉尔金河部分，并按照 1∶10000 的比例尺绘制边界地图具有重要意义；

（4）在原始森林地区设立林带，使两国边界线更加明确；

（5）共同确定了所有界标及辅助界标的直角坐标，这为此后修订边界地区地图、检查界标设立提供了有科学根据的材料。

（6）在以上基础上，修订了 1964 年边界议定书附件中以

1：1000000 的比例尺绘制的边界地图。

后来的第二次边界联合检查表明，1982—1984 年第一次边界联合检查明确了两国边界线，对此后的边界检查工作具有重要意义。

在两国关系还不太友善的时候进行了第一次边界联合检查这样的大型工作，这使得两国互信得以恢复，成为推进两国关系正常化进程的重要步骤。

须要指出的是，在这两年多的时间里，共同工作的委员会成员之间形成了和睦友好的氛围和关系，边界保护组织之间的关系也得到了改善。

达·云登副部长访华期间，中方积极接受了蒙方在解决经济合作问题、签订领事公约、恢复文化合作、友好协会代表互访等问题上的提议。这些在之后的一年多时间里都得以落实。这表明，本次会见对于两国关系全面恢复具有重要意义。

上世纪 80 年代中期是蒙中两国关系在各领域都积极复苏并发展的时期。如果说中美关系正常化的开端是乒乓外交，那么蒙中关系复苏的起点就是双方摔跤运动员的友谊赛。1983 年，乌兰巴托市属自由摔跤种子队（15 名成员）在北京和呼和浩特参加了友谊赛；1984 年，中国自由摔跤队（13 名成员）在乌兰巴托和额尔登特参加了见面赛。我清楚地记得，那时我在驻华使馆工作，因此观摩了在北京举办的我们两国的摔跤比赛。全场大部分观众都在为我方摔跤运动员们加油。这当然是出于对客人的尊重，但最主要的原因则是 20 多年来首次来到中国的蒙古国运动员们吸引了大家的目光。

1984—1985 年间举办的许多重要活动成为蒙中两国文化艺术关系复苏的开端。例如，在乌兰巴托举办了中国刺绣手工艺品大型博览会，在北京举办了蒙古人民画家纳·楚勒特姆（N. Chultem）艺术作品展。1985 年，八位中国艺术家受邀参加了在乌兰巴托举办的亚洲音乐讲坛。蒙古国人民歌舞团和中国内蒙古自治区歌舞团（乌兰牧骑艺术团）

分别在北京和呼和浩特、乌兰巴托和达尔汗互办演出，深受两国人民的喜爱。

蒙中双方还制定了从 1986 年开始的文化合作计划和从 1987 年开始的科技部门合作计划，这给两个领域的关系和合作带来了广泛发展的可能性。这一时期，两国的友好协会代表团也进行了互访。

现在回想起来，1990—2008 年间总统、总理和外交部长级别几乎所有的互访，我都亲自参与过，为访问的顺利进行做准备工作，贡献了自己的力量。下面要忆及其中几次特别的访问。

1989 年，一年之内，两国外交部长钱其琛和策·贡布苏伦（Ts. Gombosuren）进行了互访，这具体地体现了双方对于恢复两国中断多年的关系所寄予的期望。互访期间，双方商定了高层互访的问题。正式会谈之后，钱其琛外长访问额尔登特市，我则有幸陪同钱部长进行了这次访问。

1990 年 5 月，蒙古人民共和国大人民呼拉尔主席团主席彭·奥其尔巴特访问中华人民共和国。这是"文化大革命"之后蒙古国家元首

1989 年，中国外交部长钱其琛在访蒙期间到额尔登特市牧民家中做客。

首次访问中国。蒙中联合公报作为本次访问的成果，标志着两国关系完全正常化。除了正式会谈之外，我国代表团还访问了内蒙古自治区，这也是一个里程碑。内蒙古人民热情地接待了我们的代表团。还有一件非常有趣的事情，我们在前往牧民家的途中，一批骑着马的年轻人跟着我们的队伍奔驰欢呼，这让我们产生了宾至如归的感觉。

1991 年，中华人民共和国主席杨尚昆对我国进行回访，这是中华人民共和国主席首次访问蒙古国。正式会见、会谈之后，举办了小型那达慕，杨尚昆主席对此表示十分赞赏。我想，蒙古草原一般都会给中国领导人们留下很好的印象。

必须提到的还有 1994 年中国国务院总理李鹏对蒙古国的访问。这次访问期间，两国签订了《蒙中友好合作关系条约》，该条约成为新时期两国关系的基础性文件。我虽未参加在蒙古国进行的访问活动，但作为驻华使馆参赞，我同中国外交部人员一起做了许多访问的准备工作，特别是明确条约内容和措辞的主要工作。

我还记起一次有趣的访问，那是 1998 年蒙古国总统那·巴嘎班迪（N. Bagabandi）访问中国的时候。举行欢迎仪式时，中国国家主席

1991 年 8 月 28 日，中国国家主席杨尚昆访蒙期间参加小型那达慕。

江泽民首先放声歌唱，随后同那·巴嘎班迪总统的夫人共舞，我们的总统也以歌声回应。但是，我们完全没有想到欢迎仪式上会唱歌和跳舞，所以没有准备。第二年江泽民主席访问蒙古国的时候，我们讨论道：江泽民主席在欢迎仪式之后会唱歌，我们也应该做好准备。于是，我们特地准备了歌曲。江泽民主席刚一走出为他准备的小型那达慕宴会厅，就唱起了一首关于内蒙古草原的歌，随后，在总统的带头之下，我们集体唱起了《热爱的故乡》这首歌。

2003 年，胡锦涛就任中国国家主席后，会见了驻北京的外交代表们，代表们向他表示了祝贺。我那时担任驻华使馆临时代办，因此得到了同胡锦涛主席见面并向其表示祝贺的机会。

2008 年，时任中国国家副主席习近平访问蒙古国期间，我作为外交部邻国事务司司长进行了筹备工作，并参与了访问的全部活动。其中有专门为习近平副主席准备的小型那达慕，以期得到他的喜爱。

我访问过中国几乎所有省份。每当中国公务人员问我都去过哪些省份，我就回答："问我没去过哪些省份更好些。"记忆中的游览太多，

2003 年，胡锦涛就任中国国家主席后会见驻北京的外交代表们，图为蒙古国驻华使馆临时代办哈·阿尤尔扎那向胡锦涛表示祝贺。

15

我就给大家讲其中一次吧。

1984 年，我得到陪同 P·沙格德尔苏伦（P. Shagdarsuren）大使访问内蒙古自治区的机会。这也是蒙古国大使在"文化大革命"后首次访问内蒙古自治区。那个时候，中国很多城市还不对外国人开放，因此我们只可以访问对外国人开放的呼和浩特和包头。同我们会面的自治区领导们全都表示希望恢复同蒙古国的关系。除了正式会见之外，我们还参观了历史博物馆、寺庙、工厂、学校、文化机构，并拜访了牧民家。这是我第一次去内蒙古自治区，对我来说一切都十分有趣。因为我们对牧民家的风力发电设备十分感兴趣，他们就带我们参观了工厂，还送给我们两台设备。之后我再次去往呼和浩特，正式接收那两台设备并运往蒙古。实话说，那个时候我们完全不了解那种设备。

中蒙俄三方会谈的问题很早就提出来了，但是我们国家一直对其十分谨慎。2005 年，三方达成了组织外交部官员间非正式会见的协定，并在乌兰巴托举行了第一次会面。在此次会面中，三方一致认为，三方会面协商有利于协调新的环境形势下三个邻国之间的关系和合作，并商定在三国轮流举行会面。此次会面协商提供了在三国政治关系达到一个最高点的良好形势下展现三国合作潜力、推动合作的可能性。2006 年、2007 年和 2008 年，三方第二次、第三次和第四次会面分别在俄罗斯的伊尔库茨克、中国的内蒙古自治区和蒙古古都哈拉和林举行。我从第一次开始，参加了所有的三方会面并在此事的筹备协商会议上贡献了自己的力量。

我认为，邻国之间应当相互理解，这样发展关系和合作的希望和可能性就会增加。中国的"文化大革命"导致两国关系中断 20 余年，其间不断进行的意识形态敌对活动使两国人民之间无法相互理解。因此，我认为需要进行一些让蒙古人民正确认识中国实际情况的工作。我在 1989 年倡导并建立了蒙古汉学家联合会并积极举办活动。我们协会出版了一份名为《阴阳》的报纸，集合了一系列关于中国和蒙中关系的有趣信息和材料，这在当时引起了大众的关注。

1990 年 10 月，我们协会在乌兰巴托举办了以"中国改革开放的成果和经验"为主题的汉学家国际学术研讨会。来自中国、俄罗斯、日本、蒙古等国的学者和研究人员参加了本次会议，这推动了蒙古的中国研究工作。

1991 年 8 月，以"中华人民共和国和亚太地区"为主题的第二届汉学家国际学术研讨会在乌兰巴托举行。首届国际学术研讨会吸引了许多国家的中国研究者的关注，并获得了他们的支持，因此第二届会议的参与人数和范围都得到了扩展。参与本次小型国际学术会议的除了上届参加的中国、俄罗斯、日本、蒙古等国外，还有美国、英国、法国的学者和研究人员。他们作了许多重要的、有趣的报告。

我们的协会在两年之内便同许多国家的中国研究中心、团体、学者和研究者建立了联系。遗憾的是，我进入外交部工作后，后续的工作者们没有将这个好的开端延续下去。

这次，我只讲述了我参与的蒙中关系中多方面活动的几个有特点的部分。但是我相信，上面提到的这些事都在一定程度上反映了我对蒙中关系发展的参与。这说明，蒙中关系和我的生活是密不可分的。

我的蒙古国情缘

黄家骙（中国前驻蒙古国大使）

选择蒙古语

1960 年 8 月底的一天，我，一个南方的热血青年，怀揣北京大学中文系的录取通知书，踏上了北上的列车。经过三个白天两个黑夜的辗转，终于来到京城西北郊的北大东校门。校友们敲锣打鼓，热烈欢迎新北大人。我兴冲冲地走到中文系的报到处。负责接待的男同学在新生表上找了找，并未找到我的名字。他询问负责人后告诉我："你已转系了。"我愕然。他和颜悦色地说："学校决定将你转到东方语言文学系（简称东语系）。"听到这一消息，我大为失望，这一来，我当作家的愿望将要成为泡影！但我明白，祖国的需要就是我们青年人的志愿。服从分配，是对一名大学生起码的要求。于是，我不太情愿地来到东语系报到。

到东语系后，了解了该系的一些情况：东语系于 1946 年由著名学者季羡林教授等创建，是我国开设东方学科最悠久、专业最多的系，主要是培养从事外交、外贸、国际文化交流以及出版、外国问题研究等应用型人才。转系后，还要再报一次志愿。考虑到高中时学的是俄语，与蒙古基里尔文字相近，且蒙古人民共和国又是个社会主义国家，中蒙关系较好，于是我选择了蒙古语。最后，系里决定将我招入蒙语班。万万没有想到，从此我的命运发生了根本的转折，与蒙古国、与蒙古民族结下了不解的情缘。

1965 年 7 月，我以优异的成绩完成了蒙古语学业，被分配到外交部，成为一名光荣的外交战士。

初到蒙古国

1973年2月23日晚，我乘北京—乌兰巴托的89次"小列"（人们习惯把北京—莫斯科国际列车称为"大列"，至乌兰巴托的列车则称为"小列"），第一次前往中国驻蒙古大使馆工作。

列车进入内蒙古自治区集宁市，眼前是茫茫雪野，一派北国风光。这时，唐代著名诗人王之涣《出塞》的诗句在我脑海中萦绕："黄河远上白云间，一片孤城万仞山。羌笛何须怨杨柳，春风不度玉门关。"我远离故乡，离别妻儿，来到荒无人烟的塞外，为发展与我们的邻国——蒙古国的友好关系而工作，一方面感到无上光荣；但另一方面，此刻在茫茫高原荒漠，无人为我吹奏杨柳古曲，不免感到孤寂，真有一丝"春风不度玉门关"的悲凉！

2月25日上午，列车抵达乌兰巴托。乌兰巴托，蒙语是"红色英雄"的意思，最早叫"乌尔格"，即宫殿，已建成300多年，位于肯特山脉图拉河谷。这是一个南北短、东西长的城市，清朝时称为"库伦"。

初到乌兰巴托，给我的印象是两个字——"小"和"少"：城市小，街道小，房屋小；高楼少，车少，人少，商店也少。这里有不少欧式、俄式建筑，比我想象的现代化一些，街上显得整洁而宁静。

驻蒙古使馆坐落在友谊街5号，在市中心。走进使馆大院，便有一种庄严、肃穆的感觉。主楼是一座两层楼的中式建筑，房檐镶嵌蓝色琉璃瓦。正门前方是花坛，中间立着旗杆。踏上20多级台阶，到达正门。楼两侧有弧形坡道。这座楼在当时的乌市算是华丽的建筑了。

70年代初，中蒙关系仍处在"冰冷"时期，由于众所周知的原因，两国出现了意识形态分歧。我在使馆研究室的主要工作是阅读蒙古各种报刊，编写"蒙古报纸摘要"供各级领导参考。从60年代中期起，两国关系遇到了"困难"，仅保留了代办级外交关系；贸易额大幅减少，仅保持外贸、铁路、气象等少数部门的联系。70年代以后，双方恢复互派大使，保持着"冷而不断"的关系。

但是，在中蒙关系的历史长河中，友好合作始终是两国关系的主旋律。80年代中期，随着国际大环境的变迁，随着中苏关系出现转机，中蒙关系开始"回暖"。从1984年起，两国开始了文化交流，中国摔跤队、乌兰牧骑艺术团、青海省艺术团先后访蒙；蒙古国家艺术团、体育代表团等先后访华，开启了中蒙关系正常化的序幕。特别是刘述卿副外长（1986年）和彭冲副委员长（1987年）分别访蒙，使两国政治关系达到新的高度。1990年5月蒙古国大人民呼拉尔主席团主席彭·奥其尔巴特访华和1991年8月中国国家主席杨尚昆访蒙，使两国关系走上了完全正常化的道路。

大使馆的主要工作总结起来就是两句话：宣传自己，了解对方。我们外交官通过广交和深交朋友，宣传中国改革开放的成果，宣传中央对外方针政策和周边外交主张。同时，处理好中蒙之间的各种关系，有针对性地做蒙古朋友的工作。我们的工作取得了成效，为两国关系实现正常化作出了贡献。

亲历中蒙边界联合检查

中蒙之间有着4700多公里的漫长边界线。在1962年之前，两个邻国之间的边界实际上并没有划定，双方以苏联政府同当时中国政府换文中关于蒙古"以现在之边界为边界"的规定予以认定。两国建交后，由于对边界线的认识不同，一些地段曾发生边民越界放牧或从事生产活动的边界纠纷。为此，两国都认为需要划定边界。从1957年开始，双方互换照会，就边界谈判问题交换意见。经过友好谈判，最

1982 年，中蒙边界联合检查委员会技术组在 357 号界桩留影。右 1 为黄家骙。

终就全部边界线的划法达成协议。1962 年签订中蒙边界条约，1964 年签订《边界议定书》。根据《议定书》，每隔 5 年应进行一次边界联合检查。但此后由于各种原因，20 年过去了，并未进行边界检查。经双方协商，1982 年 2 月，两国边界联合检查委员会在乌兰巴托举行首次会议。我作为中方代表团技术组的译员亲历了这次会议。

边界谈判关乎国家领土主权，在某种意义上说是要"寸土必争"，加之两国关系恶化多年，会谈开始时的气氛比较紧张和严峻。诸如界河改道、调整岛屿沙洲面积，甚至联检队组成等事务性、技术性问题往往被"政治化"，致使会议过程"打打停停"，一波三折，开始阶段开得并不顺利。

中国代表团在会上反复阐明中方的立场，强调中方参会的唯一目的是要搞清边界线，促进睦邻友好关系的发展，建立一条和平友好的边界线。经过长达 40 多天的谈判，蒙方代表团逐步理解了中方的诚意，双方根据互谅互让的原则，就所有联检问题达成共识，签署了边界联检第一次会议《纪要》。

边界联检工作的圆满完成，是两个邻国关系正常化阶段具有重要意义的事件，表明两国关系中遇到的困难和问题都是暂时的，终究能够克服，友谊和合作始终是两国关系的主流。一年多的边界联检工作，使我结识了许多蒙古外交、边防、测绘界的朋友，留下了许多关于中蒙友好关系的美好回忆。尽管我已退休多年，至今还有不少蒙古老朋友与我保持着联系，每逢节日相互问候，他们的孩子们遇到什么困难需要在北京解决，也会找我帮忙。

翻译是友谊的"桥梁"

外交工作是一项政治性极强的工作，外交翻译是一个特殊工种。对于我们外交人员来说，外文是工具，口语和笔头翻译是基本功。进入外交部以后，我努力成为一名合格的外交译员。1967 年我被"借"到外文局毛选翻译室从事毛选小册子的蒙文翻译工作，打下了笔译的基础。1982 年，我又有幸参加边界联检工作，直接与蒙古朋友交流接触，进行有益的口语实践。在这个基础上，我在亚洲司又得到许多前辈的具体帮助，翻译水平逐步提高。我从给司领导、部领导当翻译，直到给党和国家领导人当译员。80 年代末至 90 年代初，中蒙关系回暖，我参加翻译的机会增多。我先后为江泽民、李鹏、杨尚昆、万里、田纪云、钱其琛等党和国家领导人当过译员。

翻译是交流和友谊的"桥梁"，是光荣和艰苦的工作。翻译讲求"信、达、雅"原则，为了把我国的政策、思想和想法忠实、准确、通顺地传达给蒙古朋友，要付出比常人更多的艰辛。每当参加国家元首的政治会谈，我都事先将会谈提纲全文翻译一遍，并把所有常用词汇、词组准备好，遇到难点问题事先要查阅有关材料和词典。当我们的翻译使双方能充分理解，达成一致，并最后形成共同文件时，我们的心里别提有多高兴了！这也是对我们翻译人员的最大肯定和褒奖。

在长期的翻译工作中，我结识了许多蒙古高层和中层官员朋友，与他们相知、相交，共同为增进中蒙友谊和睦邻关系作出了贡献。

出使蒙古

1999 年 8 月 31 日，乌兰巴托晴空万里，秋高气爽。在布彦特乌哈国际机场，我和夫人受到我的老朋友、蒙古对外关系部礼宾司司长乌尔金勒洪德布和使馆同事们的欢迎。

这是我第五次到蒙古国工作。此次，我肩负祖国和人民的重托，到蒙古国出任第 12 任特命全权大使。9 月 2 日，我往见蒙外长图雅女士，向其递交了国书副本。

到蒙后仅三天，蒙方即安排我递交国书，这表明了蒙方对两国关系的重视。9 月 3 日中午，我在国家官向巴嘎班迪总统递交了国书。我简单致贺词，巴嘎班迪总统致答词。然后，总统与我用蒙语进行了交谈。总统高度评价了江泽民主席不久前对蒙古国进行的成功的国事访问。他说，蒙古人民对你很熟悉，知道你多年在蒙古工作，懂蒙古语，了解蒙古的文化历史和风俗习惯，相信你接任大使职务后，会利用这个有利条件，为发展两国关系作出更大的贡献。我感谢总统对两国关系以及对我本人的评价，表示在世纪之交出任驻蒙古国大使，深感光荣和责任重大，在任内一定竭尽全力为巩固和发展中蒙业已建立的睦邻友好合作关系而努力工作。巴嘎班迪总统还谈到中国向蒙提供的贷款和无偿援助及中国援建锌矿项目等具体问题。我表示将密切注意和跟踪有关事项的落实情况，及时向总统通报。

递交国书后，开始了到任拜会。我先后拜会了总理、议长、副议

2001 年，在使馆举行的国庆宴会上，黄家骏大使（右）与蒙古国议长、蒙中友协主席额奈比希交谈。

长、议会常设委员会主席、政府所有 9 个部的部长、部分司局长、各政党与非政府组织负责人、驻乌使团的大使或代办等 50 余人。通过拜会，会晤了老朋友，结识了新朋友，了解了蒙古国各方面新的情况。

此次到任适逢我国国庆 50 周年大庆，我将国庆招待会与大使到任招待会活动结合起来进行。蒙方议长贡其格道尔吉及 6 名部长等 200 多名来宾出席。会上，我发表了祝酒词，介绍我国 50 年来取得的成就，盛赞中蒙关系的顺利发展，祝愿两国繁荣昌盛、人民幸福，并为中蒙友谊万古长青、为在场的各位朋友的健康举杯。为了增加祝酒词的感染力，祝酒词的中文和蒙文稿由我自己念，英文稿请我的英文翻译来念。我的讲话情真意切，打动了来宾，赢得了全场热烈的掌声。

在大使任内，我曾陪同阿玛尔扎尔格勒和恩赫巴亚尔两位总理访华。2003 年 6 月，胡锦涛主席就任后第一次出访，就选择了蒙古国。我全程参与了此次重要的国事访问。访问期间，双方宣布建立"睦邻互信伙伴"关系，确定将资源开发和基础设施建设作为经济合作的主要领域。两国领导人进行的多次高层访问获得圆满成功，访问时签订的一系列文件，为推动中蒙关系的深入发展和增进相互理解作出了重要贡献。

作为使节，我的任务是代表我国与蒙古国有关方面就发展和深化两国关系进行联系和商谈，为开展双边合作尽自己的所能。蒙古国政府和人民对我的工作给予积极评价和肯定。在我离任前夕，巴嘎班迪总统授予我"北极星"勋章。

我的朋友遍蒙古

我五次被派到蒙古国，在蒙古国工作和生活了整整 20 个年头。我 17 岁离开故乡广东省佛山市，在故乡生活了 17 年，而在蒙古国却生活了 20 年，比在佛山待的时间还长。有的同事打趣说，你在蒙古待了那么久，可以说，蒙古是你的"第二故乡"了。这话有一定道理。我在蒙古的 20 年里，广泛接触了从官方的高层领导、中层干部到普通干部，从高级知识分子、大中学生到普通牧民，了解他们的生活、工作、学习情况和所思所想，与他们就蒙古的经济社会及中蒙关系进行交谈，直面人生，畅叙友谊，并毫不客气地以朋友的身份就蒙古存在的问题和不足向他们提出意见和建议。

"朋友，是人生中至为珍贵的财富"。在蒙古，我结交了不少朋友。可以说，我在蒙古有许多"珍贵的财富"，我的朋友遍蒙古。

在这里，我想讲一个真实的"故事"。

1999 年 5 月 8 日，发生了美国飞机轰炸中国驻南斯拉夫联盟大使馆这样震惊世界、耸人听闻的事件。美国的行径激起中国人民的义

2001 年在蒙古国扎布汗省参观期间，巴特蒙赫
省长赠予黄家骙大使一匹马。

愤，也受到世界舆论的同声谴责。中国外交部在第一时间组成代表团
准备乘专机赴南斯拉夫处理有关事宜，为此要立即向蒙古等有关国家
申请飞机飞越领空许可。外交部来电指示，要在当晚 24 时前办妥并报
国内。

　　这一天是星期天，蒙古政府各机关都休息，不办公。怎么办？不
能按常规去办。我们兵分两路：一路是武官处的同志找蒙国防部的老
朋友，通过他去找具体负责人，办理口头审批，然后再补发照会。另
一路由时任政务参赞的我与研究室的同事找蒙外交部邻国司司长，通
过他与礼宾司主管人员联系，协同国防部一起办理审批手续。

　　我们到了阿尤尔扎那局长家。很不巧，他到郊区度假了，邻居也
不知他的去向，这下子没辙了。但天无绝人之路，此时办公室的同志
想到礼宾司负责审批飞机过境的老熟人，于是立即转向他家。峰回路

2002年，在使馆举行的国庆宴会上，黄家骙大使与蒙古国总理恩赫巴亚尔交谈。

转，就这样，几经曲折，通过礼宾司的老朋友，与国防部主管官员一起办好了口头审批手续。

这一天从早晨忙到黄昏，当夕阳西下时，我们和与我们一起忙碌的蒙古朋友都累得满头大汗。为了表示谢意，我们在饭店招待了所有蒙古朋友。当晚，我们准时将蒙方同意我飞机过境的消息及时报告了国内。

驻蒙古使馆的各项工作的顺利完成，离不开蒙古有关部门的支持。我们同蒙外交部领事司和服务局、移民局、教育科学文化部、贸易工业部、乌兰巴托车站、布彦特乌哈国际机场、部长医院、国家百货大楼以及额尔登特、达尔汗市等外地的有关部门和单位都建立了很好的工作联系，得到它们的大力支持和帮助。在同蒙古各界朋友的交往中，中蒙人民之间的友谊与日俱增。总之，我可以自豪地说，我们的朋友遍蒙古！

明天会更美好

光阴似箭，日月如梭。2003 年 10 月我从乌兰巴托离任回国，至今已过了 12 年。期间，我曾五次到乌市出席国际研讨会或商务活动。我们高兴地看到，近年来蒙古国人民在政府的领导下，在国际社会的帮助下，经济社会取得很大的发展。现如今，乌兰巴托建起了许多崭新的高楼大厦，新修了不少道路。街道上车辆川流不息，出现了过去从未有过的堵车现象。新建了很多超市、商店，市场繁荣，商品琳琅满目。华灯初上，当你走在乌市的街道上，可以感受到现代都市的气息。

进入 21 世纪，中蒙两国关系在政治、经贸、文教、军事等领域均得到全面、长足的发展。中国已连续十几年成为蒙古第一大贸易伙伴和第一大投资国。2003 年我离开蒙古前，两国贸易额还不到 5 亿美元，而现在两国贸易额已达 60 亿美元，增加了 10 倍还多。目前，在蒙的中资企业有 5300 多家。中国累计对蒙投资存量达 38 亿美元（2013 年）。

2014 年，习近平主席对蒙古国进行了走亲戚式的国事访问。这是一次具有划时代重要历史意义的访问。访问期间，双方发表联合宣言，宣布建立"全面战略伙伴关系"，这标志着两国关系将进入一个战略对接的新时期。

蒙古国是中国提出的"一带一路"构想的重要节点。蒙古领导人正式表示支持"一带一路"构想，提出将"草原之路"与"一带一路"相连接，这就为今后进一步发展中蒙交流合作提供了一个新的平台。

中蒙俄是具有传统友好合作关系的邻国。迄今，三国元首已实现了两次正式会晤，三方就从互联互通入手打造中蒙俄经济走廊达成了

黄家骙大使拜会巴嘎班迪总统，赠送中国画家
为其制作的肖像画。（2001 年）

共识。我想，通过经济走廊的建立和落实，可以铺设一条贯通三国、
横跨亚欧大陆的合作新通道。

　　回顾过去，展望未来，作为一个曾长期从事对蒙工作的老外交官，
我对中蒙关系的发展充满信心。我完全相信，经过双方的不懈努力，
中蒙人民的明天将会更加美好！

加深友谊的两次访问

嘎乐桑·巴特苏赫（蒙古国前驻华大使）

焦含章 译；刘迪南 校

嘎乐桑·巴特苏赫大使

丙申猴年来临之际，收到一封来自外交部邻国事务司司长札那巴扎尔（T. Zanabazar）先生的正式来函，我小心翼翼地打开。原来他是希望我在中国外交笔会和五洲传播出版社联合编辑出版的书中撰写回忆文章，截止时间是白月节后的第一周。尽管这样的话休息的时间可能会被占用，但对自己感兴趣的事我还是十分乐意为之的。

本人于 1992 年到 1995 年间在蒙古国驻华大使馆担任商务参赞，2005 年至 2009 年间有幸担任蒙古国驻华大使。在此之前的 1987 年，按照蒙古国对外关系部的规定，我获得了在大使馆进行双边经贸关系相关实习的机会，因此在南面邻国展开了为期几个月的工作。1987 年 1 月 1 日，北京飘着小雪，当我第一次走下北京火车站的站台，卸下旅程的疲惫之时，蒙古和中国的现代关系正经历着考验，我又怎会想到自己能亲身参与到推动两国关系发展、做有力拓展两国活动的掌舵者并为之倾力奉献共同努力的道路之中呢？

2005 年夏天，我从蒙古国驻加拿大大使职位上卸任回国，稍作休整，便于初秋时节从乌兰巴托前往北京。古老的北京城焕发着青春的光彩，秋天果蔬粮食阵阵飘香、熙熙攘攘门庭若市的节奏是如此地熟悉与亲切，却又比十年之前多了几分神采。

刚到大使馆工作第一天，我立刻投入双方关系的工作浪潮中。全身心投入、继承前辈大使成就的热忱，让我产生了沉甸甸的使命感，虽然有时心怀敬畏，但是想到有外交部同事、有双方的专业机构领导的热情支持和信任，自己便倍受鼓舞。

在蒙中关系自 1949 年起将迎来一个甲子的最后四年，我有幸作为大使亲自参与到这"火热四年"（дөрвөн жилийн "гал тогоо"）中。双方关系中那些极富意义的重要事件，在不断拓展的睦邻友好关系历史中愈发丰富。

四年中，我们两国国家元首高级别访问和国际活动期间的会晤共有四次，总理间会晤共五次，并举行正式会谈，会晤次数较之前有了极大增加。这鲜明地体现了邻国之间有声有色的双边关系。就国际关系规范而言，高层会谈愈加频繁，意味着双边关系更为积极、亲近和扩展。中国领导人到邻国蒙古访问往来，彼此交换鼻烟壶，分享幸福，分担痛苦，如此和谐安宁的场景是两国友谊的体现。

中华人民共和国主席习近平在 2008 年（时任副主席）、2014 年两次访问蒙古期间，曾简明扼要地提出过深化双边关系的想法。

2008 年，为积极筹备奥林匹克运动会，在北京的中国各级领导层每天马不停蹄，工作 24 小时都嫌少。这年 4 月，中国外交部亚洲司副司长邱国洪邀请我会面时，谈到时任中国国家副主席习近平访蒙的相关事宜。这是双边关系中具有特殊意义的重要消息。因为在将近一个月前，习近平先生卸任上海市委书记，并当选为国家副主席（五年后担任国家主席）。在这个意义上，邻国新任的副主席、不久的将来会成为国家元首的习近平先生的访问，在两国关系中是十分令人高兴的事。就这样，我们邀请中华人民共和国主席、副主席、国务院总理访问蒙古，以及中方邀请我国总理访华，彼此相得益彰。

对于习近平副主席来访的准备工作，北京和乌兰巴托方面都积极筹备着，我们使馆的工作人员也充分调动了起来，争分夺秒地努力工作。

我听说，在北京的外交代表们十分关注习近平担任国家高级领导职务之后的首次出访，对他第一次出访就选择了我们蒙古国，对（中国）重视发展与邻国蒙古国的关系很羡慕。有人惊异于我的幸运和际遇，但我也多次提到这正是现代蒙中关系发展及其趋势的体现。2008年6月19日到21日，习近平主席的正式访问按照计划顺利进行：除会见了蒙古国总统恩赫巴亚尔（N. Enkhbayar）、国家大呼拉尔主席伦代姜灿（Ts. Lundeejantsan），与总理巴亚尔（S. Bayar）举行会谈之外，还启动了蒙中经济论坛，签订了双边合作及贸易的协定。

为了使此次访问务实、高效、互利，双方在政府和各界的努力下，共达成了13项重要协议，其中要特别谈到《蒙中经贸合作中期发展纲要》。

我们大使馆提出的与此相关的倡议，在得到了双方相关部门和地区支持的基础上，以提高经贸关系水平、扩大其规模为宗旨，在共同完善落实此纲要方面，已于2006年得到了两国领导人的协商。这是两国现代关系史上，双方在这一领域的合作第一次以特别纲要的形式作出了对基本原则、宗旨、实施条件的修正和发展，并第一次明确了其首要方向的协议。该纲要于2008—2014年实施并完成，我欣喜地看到，现在正在实施2014—2020年的第二版纲要。这两份纲要是习近平主席两次访问过程中分别签订的主要成果文件，是对双方经济合作给予充分关注的体现。

在上述纲要的实施过程中，蒙中贸易总额在2013年达到了60亿美元，较2008年几乎翻两番，而根据新的纲要，到2020年将达到100亿美元。

访问期间，习近平副主席出席了用中国提供的无偿贷款修建的乌兰巴托体育馆开工仪式并为之剪彩。这个体育馆如今傲然耸立在乌兰

2008 年，时任中国国家副主席习近平访问蒙古国期间，参加专门为他举行的小型那达慕。

巴托西北部，成为两国人民友谊的象征。这是新世纪以来南面邻居无偿援助修建的最为壮观的建筑，成为今后扩大援助及经济合作的范围、增加彼此福利的一个生动的例证。

到正在乌兰巴托东部特里尔基（Terelj）美丽的山谷中度夏的道尔基巴特(Ts. Dorjbat) 先生家里做客，给习近平副主席的这次访问留下了美好回忆。这位普通牧民递上红玛瑙鼻烟壶，习副主席熟练地旋开珊瑚壶盖，取出少量鼻烟吸闻。我感觉这一幕是如此亲切，与我一同前往的外交部长奥云（S. Oyun）也是带着深深的敬意，在一旁微笑着注视这一幕。道尔基巴特先生好奇地问道："你们见过哪个外国的大领导可以如此熟悉地使用鼻烟壶？"习副主席对于奶茶、奶干、奶酪格外喜欢，询问牧民们的生活和牧群情况，耐心地听着他们的描述。

我想，习近平副主席妙语连珠的成语着实把道尔基巴特先生的传译员难倒了。习副主席的谦虚、对他人的尊重以及真诚，让这户普通牧民感到如此的亲切，并深深地为之吸引。随后观看的小型那达慕更是契合大家的心意。摔跤、赛马期间，天空飘起了冷雨，寒风瑟瑟，只穿着单薄夏装的习副主席握着弓箭，饶有兴味地询问，丝毫不在意这刺骨的寒意。16 岁自愿到中国西北部遥远偏僻的村庄，整整七年和农民一起劳动的经历，为他如此谦虚的性格作了注脚，着实让人佩服。

乌兰巴托和北京方面总结道，这次访问的特点是巩固了两国互信，丰富了两国合作关系的新内涵，更加关注经济合作。从我国的角度看，这次中国领导人的访问，对于我国在双边关系的政策及其功能、问题、前景方面寻求共同理解、协商的机会而言意义重大。可以看出，新任副主席的首次出访以我们国家作为起点的原因在于邻国对两国关系给予了关注，体现了确定发展两国关系的近期和长期政策的目的。

而习近平主席 2014 年 8 月对蒙古国进行第二次访问的时候，我已经返回祖国，脱离了外交工作。然而对于这次访问，我仍然十分关注，满怀敬意。我们两国首脑之间彼此亲近，建立了友好关系，双方更加深化互信和相互了解，开启了两国关系的新时代。对此，我感到高兴。

习主席六年前作为副主席访问蒙古，留下了温馨的回忆，六年间，蒙古社会、经济发展，人民生活水平提高。中国前任国家主席胡锦涛 11 年前也对我们国家进行了国事访问。他的继任者习近平主席的此次访问，是专程对蒙古国进行的访问，这对于两国来说都意义重大。在蒙古国国家大呼拉尔的演讲中，习主席引用"好邻居，金不换"这样一句中国谚语，强调了"邻国珍贵"这样一种观念，以及坚持与邻为善、以邻为伴的方针，坚持睦邻、安邻、富邻的政策，邀请蒙古搭乘中国的"发展快车"。

此次访问期间，两国元首共同签署了《中华人民共和国和蒙古国关于建立和发展全面战略伙伴关系的联合宣言》，把双方战略伙伴关系提升到了全面战略伙伴关系的高度，具有历史性意义。除此之外，双方政府、相关部门之间签署了24项文件，其中大多数是与经济合作相关的。除上述的《经贸合作中期发展纲要》第二版之外，边境口岸、铁路、自贸区等方面合作的相关事项，是蒙古国外交部2008年到2009年倡议和努力贯彻、也是我自己不遗余力推动的一些主要工作。在此期间，外交部在2009年就提出将"睦邻友好互信合作伙伴关系"的内容及范围延伸，提升到"战略伙伴关系"的构想，继这一构想在2011年付诸实践之后，我个人对"全面战略伙伴关系"的建立非常开心。在此合作伙伴关系框架下，双方尤为重视人文交流，也商定扩大旅游、科技、教育、地区等领域的合作。"要着力加强对周边国家的宣传工作、公共外交、民间外交、人文交流，巩固和扩大我国同周边国家关系长远发展的社会和民意基础。关系亲不亲，关键在民心。"（《习近平谈治国理政》，北京，2014年）人民之间真诚地相互理解和信任，是睦邻友好几百年亲密关系的坚实基础。

蒙中友谊岁月流转，转眼已是一甲子。在新的一甲子历史上，一位中国领导人，无论他是中华人民共和国副主席，还是这个国家的主席，对蒙古进行了两次访问，为两国关系画上了浓墨重彩的一笔。有歌云：

> 莫斯科与北京之间
>
> 连接着蒙古的首都
>
> 铁轨闪闪发亮
>
> 列车呼啸而过
>
> 这是友谊之路啊
>
> 和平的圣洁之路

我很高兴有机会与读者们分享为歌中所歌颂的往日两国关系黄金时期的复兴作出贡献的现任中国国家主席习近平对蒙古进行的两次访

问。这两次访问加深了我们两国人民的友谊，为今后合作共赢打开了大门。

在我代表国家、人民，与南面邻国为双边关系和平友好发展而努力的岁月里，在蒙中外交关系一甲子的最后四年里，两国政治、军事互信达到了新的高度，贸易飞速增长，经济合作增添了新内涵，形式也更加丰富，在双方文化教育和科技、人文交流日益增加的同时，蒙古国也在北京奥运会上摘得了第一枚奥运金牌，这是多么令人惊喜的事啊。以上，让我感到由衷的欣慰。

回望长生天

高树茂（中国前驻蒙古国大使）

　　又是一场五月春雪，又来到了久违的乌兰巴托。2015 年 5 月，应蒙古国国立大学邀请，我随中国蒙古国研究会的几位学者赴乌兰巴托参加"蒙古'草原之路'与中国'一带一路'"国际研讨会。我为研讨会准备的发言题目是"准确把握'一带一路'内涵，积极推动中蒙俄经济走廊建设"。

　　到达之日，恰值春雪飘飞。透过舷窗放眼望去，天地一片混沌，影影绰绰的乌兰巴托，宛若海市蜃楼隐现在远方；昔日雄浑的博格多山，此时也朦朦胧胧地盘伏在干涸的图拉河畔。博格多山是蒙古的圣山，每逢节庆，蒙古人总要到这里祭天拜神，顶礼至高无上的永恒大神——长生天。蒙古人常说，"雨雪出行，天祐吉祥！"望着飘飘洒洒的春雪，我心中顿觉几分欣喜。

　　也许真有长生天的加持，研讨会开得十分成功，受到各方的赞扬。会后，热情的主人组织与会来宾到市内和附近景点参观游览。我曾在蒙古工作两任，前后八年，安排的项目都已去过多次。于是，我选择了自由行，希冀利用这宝贵的时间在乌兰巴托四处走走，追溯往昔的记忆，寻觅旧日的情愫。

一桩"间谍案"

　　走在青年路上，我想去寻找旅蒙华侨协会的旧址。

　　清晨的乌兰巴托空气清新，路上行人不多，路边几只正在觅食的和平鸽，为城市平添了几许静谧与安详。我不禁感慨，中国外交官在乌兰巴托大街上竟也能这样自由自在地行走。回想上世纪六七十年代，中苏交恶，在中蒙边界陈兵百万，中蒙关系也受到影响。那时，只要中国外交官踏出使馆一步，后面肯定会有人跟踪监视。

记得 1973 年我第一次到蒙古，是在大使馆领事部做一名普通的职员。到馆第二年，我工作中竟发生了一件匪夷所思的事。那是 1974 年5 月的一天上午，我突然接到华侨协会秘书陈茂裕先生打来的一个电话。他说，有一个从科布多省来的蒙古人，有事要见中国使馆官员。我建议请他到使馆来，但陈先生说对方坚持不来使馆，只能在使馆之外面谈。

经请示领导，我和使馆司机一起来到华侨协会。甫见来人，面色黧黑，身材不高，但体格健壮。他神态憨厚，举止有些笨拙，颇有些像远道而来的草原牧民。交谈中，我得知他的名字叫道尔吉，家住科布多，是个混血儿，母亲是蒙古人，父亲是早年来蒙的中国人。我问他，有何事要找使馆人员？这时，道尔吉很神秘地对我说，他有中国血统，热爱中国，不满苏联在蒙古的所作所为，所以利用在中蒙边境放牧的机会，绘制了一张苏军驻蒙布防图，并想把图交给中国大使馆。接着，道尔吉还对我说，他的父亲年迈多病，家庭生活十分困难，希望使馆给予少量经济上的帮助。

当年我刚刚参加工作，对道尔吉提出的问题一时不知所措。这时我想起一位外交前辈曾向我解释过《维也纳外交关系公约》，他告诫我说："外交代表机构及其人员不得以任何方式从事与职务和身份不符的活动。"所以，听完道尔吉的讲述，我表示："我是大使馆的一名领事官员，我的职务是为外国人签发赴华签证，为当地华侨颁发或补发中国护照。你所提出的这个问题，超出了我的工作范围。至于你父亲遇到的困难，我将如实报告领导，另作处理。"接着，我又对他说："中国大使馆是中国驻蒙古的外交代表机关，也是处理两国重大关系的官方机构。我认为，大使馆不会接受你提供的这张图。"听到我的表态，看得出道尔吉多少有些失望。但他仍然很礼貌地与我握手道别，并希望继续保持联系。

临行前，我仍对道尔吉说："如果你想为你父亲申领困难补助，请直接去中国大使馆提出申请。"听我这样一讲，道尔吉坦率地告诉我："你们大使馆有内务部的警察把门，出入要受到盘问。"我笑着对他说："这不妨事。你为你父亲来找中国大使馆是正当的。"

回到馆内，我向领事部主任汇报了有关情况。领导对我的回答表示满意，还说我遇事头脑冷静。仔细想想，自到馆工作一年多，这还是我第一次受到表扬，当时心里乐滋滋的。

此后，道尔吉又曾多次通过陈茂裕先生传话，约我外出见面，每次我都以"请到使馆面谈"为由婉拒。谁知，半月后有消息传出，陈茂裕在华侨聚居区"一百户"巷子口被内务部警察带走，并关押在拘留所。后来我才知道，道尔吉见约我未果，索性退而求其次，让陈茂裕到预先安装好偷拍设备的巷子口交接"布防图"，于是被人赃俱获，交公法办。后来，蒙古司法机关经过司法程序，最终以"间谍罪"将陈茂裕驱逐出境。

走到青年路尽头，我本以为在高楼建筑的夹缝中能寻找到当年旅蒙华侨协会的旧址和那条简陋的小巷子，但可惜的是，那片低矮的平房连同"一百户"巷子都已荡然无存，留下的却是一片繁忙的建材市场。望着市场店铺，不觉有些感慨，当年的痕迹就这样消失了？！可转念一想，该消失的就让它消失吧，该忘却的也就让它忘却吧！对往日阴影的留恋或许是对今天和未来的伤害，如果都能以平和的心态面对过去，未来必定是一片光明！

图木尔廷敖包锌矿

顺青年路往北而行，走到蒙古矿产资源部门前，我不觉想起图木尔廷敖包锌矿。

蒙古国地处亚洲内陆高原，国土面积 156 万平方公里，但人口却只有 300 万。蒙古国人近一半聚居在乌兰巴托，大约有 130 万之众，如果加上居住在达尔汗、额尔登特、乔巴山和其他省份城市的 40 多万居民，散居在广袤草原上的牧民便寥寥无多了。有朋友曾乘火车途经蒙古前往欧洲，两相比较，蒙古境内满目苍凉，远不如俄罗斯风景如画，更不及欧洲文明发达。

不知是哪位地质学家说过："上帝是公平的，凡是地表贫瘠，地下必定埋藏着丰富的宝藏。"果不其然，有人做过粗略估计，蒙古国 3/4 的土地下面蕴藏着令世人震惊的矿产资源。还有人说，蒙古国的矿产资源不仅种类繁多，而且品质优良、易于开采。图木尔廷敖包锌矿（以下称"敖包锌矿"）便是这无数宝藏中难得的有色金属资源。

敖包锌矿位于蒙古苏赫巴托省省会西乌尔特市附近，1998 年由中国有色冶金集团下属中色股份有限公司与蒙方合资成立鑫都矿业公司，共同开发锌矿。2003 年底我到任不久，中色股份驻蒙代表古尔班和鑫都公司总经理张士利便来到使馆，向我介绍了敖包锌矿的有关情况。张士利说，"鑫都"寓意"锌都"，他们希冀在西乌尔特建设一个属于未来的锌资源基地。他还兴奋地告诉我，胡锦涛主席当年访问蒙古时明确提出："一定要把锌矿建设成中蒙合作的典范工程。"

就是在那年冬天，200 多名中国工人进驻西乌尔特，他们冒着零下二三十摄氏度的严寒，在一个连砖头都没有的荒原上，硬是从国内搬去了一座完整的锌矿矿山。2004 年 5 月，经过整整一冬坚韧卓绝的奋战，张士利再次来到使馆，邀请我和蒙古国财政部长乌兰一起前往敖包锌矿参加矿山基建剥离首爆仪式。

敖包锌矿员工的精神感动了我，我欣然接受邀请。5 月 27 日清晨，我们一行 6 人分乘两辆越野车，从乌兰巴托出发，驶入戈壁深处。沿途，一眼望不到边的戈壁布满砾石荒草。这里人烟稀少，但间或有一群群黄羊、麋鹿嬉戏疾跑。这些草原上的精灵，见我们的汽车驶过，便奋起四蹄，竞相追逐，跑到车前还不时回头张望，朝着我们发出"咴咴"的叫声，好像在炫耀自己的天赋。在草原、戈壁滩上行车，可谓危机四伏，绝不似人们想象的那般浪漫。初次上路，我们小心翼翼地沿着前人压出的车痕行进，不敢逾越前辙一步。只有在草原上，你才会真正悟出"前车之辙，后车之鉴"的道理。正寻思间，一辆苏制嘎斯 69 从我们车旁疾驰而过，卷起一路烟尘，带走了聚在我们车旁的麋鹿、黄羊。看来，这个司机一定是个草原驾车高手。后来我才知道，他们是蒙古国家电视台记者，也是前去敖包锌矿采访的。

当日下午 2 时许，行至温都尔汗境内，我们停车小憩午餐。使馆人员告诉我，再往左行就能到达林彪坠机的地点。为了抓紧时间，我们按原计划继续赶路。长途开车的人大都有一种习惯，越是快到目的地，脚下的油门越是要踩得紧。眼看要到西乌尔特，我们前面那辆车像着了魔，旋风一般消失在戈壁尽头。我们的车子正准备加速追赶，突然右前轮失去平衡，180 度翻倒在路旁，司机连同我和夫人被困在车内无法脱身。恰在此时，那辆早已超过我们的嘎斯 69 却又突然出现在我们面前。一位记者率先跑上前来，用流利的中文告诉我马上熄火，随后几个蒙古记者又合力将车门撬开，把我们扶出车外。其中一位蒙古记者还拿着急救包，仔细检查我们是否受伤。所幸，我们都系着安全带，除被碎玻璃扎伤几处外，三人均无大碍。令我感动的是，蒙古记者提出要腾出他们的汽车，先把我们送到西乌尔特医院进行检查。此时，使馆前面的那辆车听说出事，马上返回，这才没有给他们造成更多的麻烦。可蒙古记者们仍坚持留在现场，帮助使馆人员将损坏的汽车拖走。

我们的车走远了。我回头望着那几位蒙古记者，夕阳西下，残红一抹，他们伫立在蓝天下，落日的余晖镶嵌着他们年轻、率真、善良、质朴的身影。一时间，情有所感，我的视线竟变得模糊。

第二天，我在敖包锌矿见到了乌兰部长。他向我表示慰问，还赞赏我遇事不乱、处变不惊的外交官气质。乌兰是苏赫巴托省人，在当地颇有声望。当年大选之后，他出任蒙古国副总理。此行加深了我对乌兰的了解，在我后来的任期中，我们建立了友好的工作关系。在吴仪副总理访蒙的前一天，他彻夜未眠，帮助使馆解决了不少棘手的难题，最终确保访问取得圆满成果。其中一条是双方努力尽快落实胡锦涛主席访蒙时提供的 3 亿美元买方信贷问题。另一个令我深感欣慰的是，双方签署了中国政府援建乌兰巴托"北京路"的协议。

敖包锌矿的建设给我在蒙古执行公务提供了太多的机遇。就在首爆仪式仅仅一年之后，敖包锌矿竟奇迹般地正式投产。于是我再次赶赴西乌尔特，陪同恩赫巴亚尔总统前往矿区参加隆重的投产仪式。说仪式隆重，毫不吹嘘，中色集团总经理罗涛率中色投资、鑫都公司各级领导悉数参加，蒙古国总统恩赫巴亚尔、副总理乌兰也携 20 余名政府部长及议会议员高调出席，仪式盛况可想而知。

说来也怪，大家走进会场时还是朗朗乾坤，可正当主持人宣布仪式开始的瞬间，突然疾风大作，刮来一片乌云，洒下一阵豪雨。迅而雨过天晴，艳阳高照。尽管淋湿了外套，可笃信长生天的蒙古人却啧啧称奇："好兆头！好兆头！""长生天祝贺敖包锌矿投产！"

不管你信还是不信，敖包锌矿自投产后，他们仅用三个月便使各项生产和技术指标达到或超过了设计要求；仅用一年的时间，就收回了全部固定资产投资，实现了当年投产、当年达产、当年盈利。鑫都公司遵守蒙古国的法律、尊重当地人的习俗，积极回报当地社会。他们不仅按时缴纳利税，而且保护公司中蒙员工的劳保福利，同时引进先进技术降低环境污染。鑫都公司在厂区和水源地进行植树绿化，资助西乌尔特市的绿化事业。除此之外，他们每年定期向苏赫巴托省 20 名大学生提供奖学金，为省综合医院装修病房、捐建先进的 X 光室。2006 年，敖包锌矿捐款为西乌尔特新建"团结公园"，修整市区道路，架设光纤电缆，联通手机网络，使广大西乌尔特居民享受到现代科技的成果。凡此种种，使敖包锌矿赢得了当地政府的赞扬，得到了当地民众的拥戴，成为名副其实的中蒙合作的典范工程。

仔细想来，中蒙经济合作领域宽泛、互补性强，可谓理想的合作伙伴。但可惜的是，出于种种原因，这些年来两国在矿产资源开发、基础设施建设等方面的合作却进展缓慢，并未取得实质性突破。我曾对蒙古朋友说过，当中国经济亟须原料，国际市场价格不断攀升的大好背景下，蒙古国却抬高了引进外资的门槛，其结果便是错过了一次绝好的历史性机遇。

想到这儿，我抬头看了看矿产资源部的大门。但愿这扇门能对中国企业进入蒙古再敞开些！

蒙古国总统访华

在我驻节蒙古的四年中，曾陪同巴嘎班迪总统、恩赫巴亚尔总统和恩赫包勒德总理先后访华。这些访问加深了中蒙两国领导人的相互了解，有力地推动了中蒙关系的发展。其中，恩赫巴亚尔总统对中国的那次访问令我记忆犹新。

2005 年 11 月 21 日，美国总统布什对蒙古进行了一次为时四小时的旋风式访问。布什利用议会演说的讲坛，高度赞扬"蒙古是转制国家的楷模"，大力宣传美国的普世价值观。布什此行来去匆匆，形式不少，内容乏善可陈，但蒙古媒体仍然认为此访"提升了蒙古在国际上的地位"。

布什离开蒙古一周以后，恩赫巴亚尔总统一行便踏上中国民航的班机，开始他对中国为期一周的国事访问。

11 月 28 日，胡锦涛主席在人民大会堂举行欢迎仪式，热烈欢迎来访的恩赫巴亚尔总统。之后，胡主席与总统进行气氛友好的正式会

2005 年 11 月 28 日，中国国家主席胡锦涛在北京人民大会堂举行仪式，欢迎蒙古国总统恩赫巴亚尔访华。图为两国元首夫妇在欢迎仪式上。
（供图：中新社）

谈，并举行盛大的欢迎宴会。蒙方对会谈结果十分满意，对中方盛情接待深表感谢。我屈指一算，从恩赫巴亚尔总统走下汽车到宴会结束上车离去，前后恰恰也是四个小时。我不无调侃地对我的好友、蒙古驻华大使巴特苏赫说，胡主席与恩赫巴亚尔总统长达四个小时的接触，为我们两国未来的发展绘制了一幅美好的蓝图。巴特苏赫大使则高度赞扬了胡锦涛主席温文尔雅、谦和待人的气质。

访问中，有一个片断令我难忘。12 月 2 日，代表团抵达上海访问。热情的主人安排总统一行乘坐磁悬浮列车往返浦东机场，430 公里的时速让车上的所有乘客为之瞠目。接着，代表团又登上高达 469 米的东方明珠塔，鸟瞰新开发的上海浦东。当天下午，为了让蒙古客人更多地了解上海，主人又安排参观上海综合馆。当参观即将结束时，在综合馆的出口处摆放的一个跨杭州湾大桥的沙盘模型前，恩赫巴亚尔总统停下脚步，仔细观察这座海上长龙。他询问讲解员，大桥将于何时开工建造，讲解员答复说："再有两年即将交付使用。"闻此，总统和随行的代表团成员都连连称道。我注意到，一向活跃的记者此时却一言不发，静静地走出规划馆。

车队返回虹桥宾馆。让我没想到的是，刚刚推开车门，就有五家蒙古媒体的记者围在车旁，要求采访。一名记者对我说："希望大使阁下不要拒绝我们的采访！"另一名记者说："无论我们提出什么问题，都请阁下如实回答。"对蒙古媒体，我不善外交辞令，更不愿虚与委蛇。我微笑着满足了他们的要求。

一名记者问："到 2020 年中国经济将超过美国，有人说到时中美将有一战，你作何评论？"我不明白他们为什么在随总统访华时会提出中美关系的问题，于是反问记者："你们真的认为 2020 年中国经济会超过美国吗？"经我一问，他们倒面面相觑，不知如何作答。我接着又问："你们真的认为中国经济发展起来就必定要与美国开战？"我知道他们不会直接回答我，于是便自问自答地说："且不说 2020 年中国经济是否能赶上美国，即便有了发展，中国人均 GDP 也只能处于中等水平，充其量仍然是一个发展中国家。""再者，我不支持'国强必霸'的理论！中国主张'和而不同'，我们愿与各国和平发展，互利共赢，绝不会对别国诉诸武力！当然，如果有人一定要把战争强加到中国人民头上，事情就另当别论了。"

这时，另一名记者迫不及待地提问："有人说，中国强大起来将要收回蒙古，你作何评论？"我知道，这个问题必须直言相告，任何空话都无济于事。我说："蒙古国是一个独立的国家，中蒙两国 1949 年就已建立了外交关系。蒙古国的独立、主权和领土完整不仅应当受到中国人民的尊重，同样也应该得到国际法的保护。坦率地说，在任何

2006 年 9 月 29 日，高树茂大使主持中国国庆
57 周年摄影图片展开幕式。（供图：周晶）

情况下，中国政府都无意挑战国际法的权威，更不会置蒙古人民的尊
严于不顾！我相信，即使将来经济发展起来，中国也绝不会以强权面
对自己的邻国。"

　　听罢我的回答，记者们看起来轻松了一些，因为他们都是微笑着
向我道谢，感谢我的回答。

　　当晚，代表团游历黄浦江。游船驶入江心，两岸华灯煌煌，水面
画舫凌波，沿江广厦林立，高楼霓虹闪烁，如此夜景美不胜收。可令
我奇怪的是，此时总统一行并未耽于外滩景色，而是围坐在舱内热烈
地讨论着什么。许久，蒙古大使巴特苏赫见我一人待在船头，便走过
来对我说："总统和部长们正在讨论蒙古国的经济发展和乌兰巴托市的
建设规划。"我会心地笑了。

这次访问一年以后，2006 年蒙古政府果真提出了一个《蒙古国经济发展战略规划》。根据这个规划，在最初的十年（2006—2015 年）内，重点以矿产资源开发、基础设施建设为国家发展思路；尔后在国民经济基础达到一定水平时，在后五年（2016—2020 年）着力发展旅游业和高技术产业。现在想起来，如果当年这个规划果真能够得以实施，蒙古的现状可能是另外一个样子了。

长调情愫

傍晚时分，走在新建成的北京路上，看着年轻人结伴在花园般的路边徜徉，心中不免有种成就感。我是修建这条马路的创意人。欣喜之余，从路旁音乐学院的窗户里传出一曲悠扬的蒙古长调。

蒙古长调是我的最爱。有人说，长调听到至诚处，如醉；也有人说，长调听到至情时，如痴；我听长调，常常会情不自禁潸然泪下。我不知道是长调那至清至远的旋律触动了我的心弦，还是那至纯至美的诗意打开了我的心扉！在蒙古工作期间，中国著名长调歌唱家、草原歌王拉苏荣曾多次访蒙，我曾请他到大使馆为馆员讲授长调。他有一句至理名言给我以启迪："长调是蒙古族牧民在草原与长生天的对话。"

听过民歌《永远的长调》，歌中唱道：

走上敖包，

听见了祖先的心跳，

长生天赐给我悠扬的长调。

长长的牧歌是生命的歌谣，

那是祖先用血脉延续的长调，长调。

长调和马头琴、呼麦被称为蒙古民族智慧的结晶，它们传承着草原游牧文明的历史和精华。长调旋律舒缓悠长、意境深远，表达着草

高树茂大使（右1）陪同蒙古国文化部查干部长
观看中国剪纸艺术展览。（供图：周晶）

原牧民对天、对地、对草原的敬畏与眷恋。

有人问过我，蒙古国的长调和内蒙古的长调有什么区别？我的回答很简单，内蒙古的长调越来越华美、越来越迤逦，蒙古国的长调则依旧保留着原生态的古朴与纯清。2005年10月，中国大使馆接到国内通知，要求使馆与蒙古国文化部商谈，联合将蒙古族长调民歌向联合国教科文组织申报非物质文化遗产。在申办过程中，大使馆文化参赞王大奇向我讲述了这样一个故事：教科文组织要求中蒙双方各自准备一份有关保护长调的音像资料，然后汇总录制为一个文件，以供评审委员会研究。王参赞按照要求，将国内提供的资料送交蒙古国文化部。那是一部表现中国著名长调歌手舞台演出的精致光盘。毋庸讳言，中国长调歌手的高超演唱技法和完美的舞台表现，足以令观众叹为观止。然而，蒙方提交的资料却令人为之一震。

镜头前是一片苍茫大地，天空布满阴云，与草原融为一体。在天地交合处，影显出一座孤独的蒙古包。这时，画外隐隐传来深沉悠远的歌声，质朴而又苍凉、挚切而又情伤，仿佛在向长生天诉说着内心的乞望与崇仰。镜头随着委婉的曲调，徐徐向草原深处推移，渐渐飘进蒙古包，只见一位苍老的阿妈正怀抱着她刚刚脱落乳齿的小孙孙，一起轻轻诵唱着凄美的古老长调。

直到今天，每当想起这段故事，我不得不赞叹蒙古国艺术家的奇思妙想，也不得不感慨蒙古国保护草原游牧文化的坚持与渴望。

2005 年 11 月 25 日，联合国教科文组织批准蒙古族长调为第三批"人类口头和非物质遗产代表作"。这是中国第一次与外国联合就同一非物质文化遗产向联合国教科文组织提出申报。也许有人会认为这不过是一次简单的对外文化合作项目，但这次联合申报成功表明中国与周边国家的人文合作还有更多选项，同时也表现出"以邻为伴，与邻为善"才是和平发展的唯一选择。也正因为如此，我心中一直深深地感谢当年为此作出努力的蒙古国文化部长查干先生。我想，如果没有他向议会作出有力的陈述，也许联合申报至今仍是一纸空文。

结束了两天的活动，告别了蒙古友人，登上返回北京的飞机。坐在机舱内，又想起中国大使馆那座绿草如茵的庭院。2007 年大使馆修建工程结束前夕，我请蒙古国美术家协会主席宝勒德以《蒙古秘史》苍狼白鹿的传说为题，创作一尊塑像。宝勒德先生是蒙古国著名雕塑艺术大师，成吉思汗广场那三尊成吉思汗、窝阔台汗、忽必烈汗的塑像即出自他的神手。宝勒德先生从家乡库苏古尔采来两块坚硬的红岩石，用古代岩画抽象技法塑成两尊石雕，一曰"苍狼"，二曰"白鹿"。在塑像安装那天，我指着使馆院内新修的六角亭和两尊塑像对宝勒德先生说："这座中式亭名为'和合亭'，它代表着中国'和而不同''中和有度'的哲学理念；你创作的这尊'苍狼白鹿'，也寄托着我们'阴阳和合、天地和合、中蒙和合'的殷切期望。"

起飞了。飞机绕过博格多山向南飞去。我又一次深情地回望博格多山，但见山中雾气昭昭，云蒸霞蔚，真好似有神灵出没。我默默地向长生天祈祷：天佑蒙古！天佑中蒙世世友好！

我的蒙中关系记忆

策·苏赫巴托（蒙古国前驻华大使）

张　源　金德弘 译；刘迪南 校

　　2016 年白月，按照惯例，我们大使馆为庆祝新年，邀请了曾在蒙古国工作的大使们共进晚餐。每年这场宴会活动中，都会邀请曾在蒙古国工作的前大使张德麟、齐治家、黄家骙、高树茂和资深外交家、记者、研究员王义民先生。我们在傍晚欢聚一堂，按照传统，就去年出现的成果、困难以及希望开展的新工作方面交换意见，畅所欲言。这是一个传统。大使们、资深外交家们除了经常关注、研究蒙中关系繁荣发展，还就一些重要问题定期向政府提出意见和建议。这次宴会期间，高树茂大使就计划出版的一本书发表了讲话。有关这本书，他很早就与我们的参赞巴特琪琪格（T. Battsetseg）交流了请哪些人撰

2015 年 11 月 10 日，中国国家主席习近平在北京人民大会堂北大厅举行仪式，欢迎蒙古国总统额勒贝格道尔吉访华。（供图：中新社）

稿、写些什么内容等细节，同时告诉我，让我参与其中。书的名字叫
《我们和你们：中国和蒙古国的故事》，或者用蒙古语理解就是"告诉
你们关于我们的，告诉我们关于你们的"。我个人以为，这本书内容朴
实、面向大众，因此尽可能不用官话套话、不谈官方工作，而应分享
个人对这个国家、人民的所见所闻所感。因而，我决定和其他亲身参
与了两国合作关系发展、为此不懈努力的同志一起，为这本书贡献自
己的点滴回忆。

中国人

每个孩子在学校里都会从地理、历史课中了解世界其他国家，产
生去别的国家走一走看一看的想法。等学有所成、工作稳定的时候，
到外国出差的机会便多了，我想这大概是我们这一代人的写照吧。

对我来说，那时和其他伙伴一样，按照上述道路一直前进着，从
而在现在的岗位上工作着。这篇回忆文章，我就从我是如何了解中国
人的历史开始说吧。这样也许会让中国的读者更感兴趣。

我们家于上世纪 50 年代中期从当时的色楞格省伊罗县（Ероо）
搬到了宗哈拉（Зүүн Хараа）这个主要以铁路工人为主的小镇上。
我 60 年代到 70 年代在宗哈拉出生、成长，读了小学和中学。早在
革命之前，我们宗哈拉这里就开始有中国人定居。记得听年长的人
说起，曾有个叫"萨赫勒汀铺子"的中国商店，也种植了很多的蔬
菜。不仅如此，古时候中国人建设的灌溉水渠——从希尔衡策格山
（Ширхэнцэг）东南面起、绵延环绕至西北角的这个水渠的遗迹至今仍
保留着。有趣的是，这一水渠里的水是向上流淌的。

宗哈拉的铁路南面坐落着大型的工业集团，也有着五颜六色的
三四层楼的居民区。让人惊讶的是，那个工厂四周都围了起来，窗户
也用板子封死。后来了解到，这是上世纪 50 年代末到 60 年代初中国

援建的酒精和糖蜜工厂，后来在罗马尼亚的援助下完全投入运营，现在是 SBBK 公司。然而，当时的国际环境和两国关系面临的困境，如我们一般的孩子们怎么会知道呢。工厂关闭后留下的少数中国人在院子里住了一段时间，我们几个孩子从他们那儿求得了带有漂亮插图的杂志和正红色的毛主席像章。可惜，到现在没有保存下来的东西了，那是在什么情况下被损坏了吧。最近，受黄家骙大使邀请，我有机会访问了湖南省，参观了毛泽东的故乡、故居。黄大使赠送给我一尊毛泽东的小型立像，我自己也买了一枚上世纪六七十年代的红色圆形像章。

当时，宗哈拉被铁路分成南北两个部分，南面有很多有小平房、小菜园的人家，同时也被分为东村、俄罗斯村和西村。东村住着很多中国人，大部分都是上了年纪的老人，有一些娶了蒙古妻子，有了很多的孩子，也有不少娶了俄罗斯妻子。

我们的正东面对着的院子里就住着一位娶了俄罗斯妻子的中国老人。老人面容光洁，衣着得体，留着短短的白胡须，常常在夏日的夜晚坐在院子外嗑松子。想来他的俄罗斯妻子一定经常洗衣服吧。我们小孩子有时会到老人旁边一起嗑松子。这时，老人总会用拐杖在地上画着什么，嘴里还念叨着什么似的。后来我被派到北京以后，一次在日坛公园散步，碰巧遇到一些人聚集在一片干净的广场上围着看地上的东西。只见一个人用巨大的毛笔沾水在广场石板上写上类似于诗的文字，周围的人群爆发出经久不息的掌声。水干了就再写，旁边还有几个人也在人群中写着。这样的场景我在中国其他几个城市也看到过。然后，我懂得了这是与中国汉字文化有关的一个风俗。我想，我们家东面的老人也许受过教育，可能还是一个诗人吧。

我们家稍向南住着一位名叫巴彦孟赫的中国老先生。他的老伴已经亡故了，老先生靠卖自己种的蔬菜坚持供几个孩子吃穿、上学。其中最小的一个和我年龄相仿，和我是很好的朋友。他的蒙文名字叫巴彦达来，不过，我们总叫他的中文名字"布竹"（音）。他们家里都说汉语，但所有的孩子都上蒙古学校。我们街区的孩子们经常在附近的山岩上玩耍、在河边树林中钓小鱼，有时一整天不着家，为此总被父母训斥，甚至挨打。我们每次到田间去的时候，都一定要带上布竹。我们把从家里偷偷带出来的少许食物集中起来，用火烤好，把从附近抓到的或大或小的鱼也这样做好。我们还向旁边正在捕鱼的俄罗斯大哥求来一些吃剩的罐头，用里面残留的油烤制自己的鱼。要说从小如何掌握这些生活的智慧的呢，是别人专门教的，还是天生的？想起来真是太让人惊奇了。

我们家院子北面的家庭是真正的"友谊之家"。男主人是中国人，我们叫他波罗吉叔叔。他的妻子是俄罗斯人，叫玛莎。他们没有孩子，就从一户蒙古人家领养了一个女孩，并给她起了一个俄罗斯名字——斯维塔（Света）。这个家庭中，俄罗斯方占了上风。丈夫波罗吉话不多，脾气很好。准备水和柴火，以及从照料到收获蔬菜，家里所有的活波罗吉叔叔都包了。特别是在种菜的旺季夏季，他整天都在菜地里干活。他们院子里的菜长得像用线拉起来的一样整齐，而且一株野草都找不到。他总是天不亮就起床，到我们家那儿的水渠取水，定期给蔬菜浇水。我父亲早上去上班的时候总是分派给我们除草、浇水的"任务"，并交代我们要像波罗吉叔叔一样干。我们玩耍之余，要完成这些工作实在是太累了。到秋天收获的时候，他们家的蔬菜都长得大，而我们家的菜则小些。总的说来，蒙古人的血液里大概缺少种菜耕地的基因吧。

为什么那个时候我们普遍认为中国人很富有呢？都说中国人是把钱藏在一个地方存起来。现在回想起来，他们平均下来最多种50—70平方米的菜地，而这是他们唯一的收入来源。要说那些人有多么富有，是站不住脚的。

这就是孩提时代中国人和他们的生活给我留下的片段式的认识。上世纪60年代末70年代初，中苏关系急剧恶化，意识形态斗争加剧。当时还没有电视，而广播中整天播放着思想宣传的内容，总见大人们进行各种各样的集会。那时，我们那儿的人别说互相攻击，连说对方坏话的人都没有。宗哈拉东南边洼地里生活着的各族人们同甘共苦，友好地生活在一起。

奇怪的是，记得那时周围的中国人大多数在上了年纪以后，都提前准备好死后埋葬用的棺材。我父亲工作的铁路机车房的木匠，在车间里用厚木板做了一口笨重的棺材，将它放到蒙古包旁的小棚子里保存起来。两年前，我访问贵州省的时候，去了那里的苗族村落。看到村落里依山而建的木屋下面放置了几口棺材，我的夫人和孩子都非常惊讶。当地人说，所有人都要有孩子，也要准备棺材。有一种习俗认为，如果你生而为人，就应该自力更生，学会到死都要未雨绸缪。这大概是生活的智慧吧。

上世纪 80 年代初，在中苏关系尚未好转时，我从培养苏联外交人才的莫斯科国际关系学院毕业。当时，中国新领导人已经宣布实行对外开放的方针，缓和并积极发展与美国等西方国家的关系，但当时苏联的领导人未能实行这样的政策，仍然保持原样。我们便是这一时期在苏联受教育的那批人。

20 世纪 80 年代末 90 年代初，国际形势整体缓和。在这种环境下，蒙中关系完全正常化，从此走上了蓬勃发展的道路。这个时期，我在外交部条约权利司工作，蒙古国对外签订的各个方面的许多条约、协议都需要我们部门进行审查商定、提出建议。因为与有些条约和协议相关的问题涉及两国关系的部分，因此在这里我介绍一下曾经共同工作的中国朋友。

那个时期，在这个部门中，我的职务是最低的，因此我从未与当时的大使、参赞们有过交往。我主要的合作伙伴是柴文睿、王福康两位。他们两人都是从蒙古大学毕业，熟练掌握蒙古语的年轻人。我们几个主要的工作是审查已经商定好的条约协议的语言修辞，商定两种语言的翻译。我记得那时外交官们都对他们两人的语言水平给予了高度评价。现在，他们两人都成了重要官员，一个成为大使，另一个成为总领事（王福康 2013—2017 年任驻马尔代夫大使，柴文睿现任驻蒙古国扎门乌德总领事——编者注）。后来我去云南省时，时任云南省外办副主任的柴文睿和我们几个一起住了一整晚，我们聊了过去的事情、认识的人，此事到现在还历历在目。

1991 年，蒙古国通过中国进行过境运输，为签署关于在此次运输中使用天津港问题的协议，我方派出了以著名外交家伊德尔为首的代表团同中方进行会谈。中方代表团以著名法学家宋林为首，代表团成员包括现任外交部副部长刘振民。这一问题是两国从未有过实践的崭新问题，但是双方怀着相互沟通理解、相互支持的诚挚愿望，在经验丰富的双方代表团团长的努力下，终于在短时间内签署了这份重要协议。时任蒙古国总理宾巴苏伦对协议的顺利签署感到高兴，对我们给予了赞赏，这给我这样的年轻工作人员留下了很深的印象。

为了进行李鹏总理访蒙的准备工作，我于 1994 年春天来了几次北京，参与和中方就《蒙中友好合作关系条约》草案的磋商。我方代表团由奥尔兹沃大使和时任外交部条约权利司司长的我带领，中方代表团由亚洲司副司长王毅（现任外交部长）带领。这一条约是明确两国关系的基础并将长期遵循的重要文件，因此双方都十分严谨地加以对待。在进行李鹏总理访问的准备工作期间，蒙古国外交部长贡布苏伦访华的日期也临近了，此次访问是为解决我们在条约谈判中一直未能达成一致的一个条款。看得出，贡布苏伦部长对此事十分重视。同钱其琛外长进行了第一次单独会谈后，我们看到贡布苏伦部长脸色轻松，十分满意。两位外长通过会谈，在这一问题上达成了原则性的一致。蒙古国外交政策的基本原则之一，即不加入任何针对对方的军事、政治同盟，不签署针对对方的条约，不允许第三国利用本国领土的原则，首次在同一大邻国所订条约的第四条中得到反映。

那时，我方在使馆的工作人员 Ts·普尔布苏伦、H·阿尤尔扎那、R·那尔满都等人曾说："王毅先生确实是一位有前途的人。"的确，王毅部长也是个很有远见的人，是一位有骨气的外交官。他亲身参与了蒙中关系史上的重大事件，过去 30 年的老照片就能反映出来。我们的保卫人员都知道，王毅部长就像攀登高峰的山羊一样，总能充满信心地担任重要职务。

2010 年温家宝总理访问蒙古期间，在 S·巴特包勒德部长举行的晚宴上，我与时任中国外交部长杨洁篪座位相邻，相谈甚欢。这次访问前的一段时间，在蒙古出现了一次反华事件，杨洁篪部长对此表示非常担忧，就事情发生的原因、今后如何预防等向我提出了许多问题。他学识渊博，熟练掌握英语，是一位十分有能力的外交官。那时候，出现这样的事还真是让我们有点难受。

在我担任驻华大使期间，中国驻蒙古国大使先由王小龙担任，后由邢海明继任。王小龙大使是中国新一代外交官的代表人物，年纪轻轻便有很强的工作能力，了解蒙古国社会、政治问题，与政坛人物建立了良好关系，是一位有名望的大使。而邢海明大使在亚洲司担任副司长之时，我们就曾亲密合作，共同举办了一些正式非正式的活动，我们成了亲密的朋友。在这里，我应该特别强调一下，在筹备 2014 年习近平主席访问蒙古国的工作中，他发挥了重要作用。他是一个直率、坦诚、友好的人。

在亚洲司蒙古方向工作的还有几个不错的年轻人：孙洪量、张一实、顾一鸣、王磊、王强等。他们都是工作认真、积极向上、努力进取的年轻人。我可以清楚地看到，他们的能力在一天天得到提升。我可以观察到这样一个传统，在蒙古方向工作的人的家属大多会说蒙古语，或者从事蒙古研究，相信这一优良传统在现在的年轻人中也将继续保持下去。

曾任中国全国政协副主席的王家瑞几乎认识我国所有政坛人物，

他在担任中共中央对外联络部部长的十多年中接见了蒙古国所有大型政党的代表，也亲自去过几次蒙古国。因此，他对蒙中关系的细微问题也了如指掌。我们知道，王家瑞非常关注蒙中关系，经常对此提供支持。

我担任民主党对外关系秘书长时，曾组织过几次对中国的访问。在组织全部这些访问的过程中，中方有一个十分重要的人，他就是巴达尔呼（李建军），他从头到尾十分细致地组织安排访问事宜，力求任何问题都尽可能解决。他熟知现代蒙古语言的细微差别，用蒙古语说话时口音纯正，听起来和蒙古人几乎没有区别。和他一起工作的毕波、王萌的语言能力得到了快速的提升，与他不无关系。

中国商务部亚洲司的宋耀明司长、刘娜等人同我国使馆有非常密切的事务联系，近年来，遇到同经贸合作相关的一些重要问题时，我们经常进行商讨。他们作出了很大贡献，我们一直非常感激，借此机会终于得以表达。

关于中国及双边关系

1991 年春天，我第一次同中方协商关于从蒙古扎门乌德修建窄轨铁路的问题。我带领由外交部、边防军、铁路部门、测绘部门的代表组成的代表团来到中国二连浩特。我清楚地记得，那时的二连浩特还是个到处都是低矮的红砖房，家家户户烧煤生火做饭的烟雾缭绕的小村庄。20 多年后，我作为大使参观二连浩特，只见到处高楼林立，有宽阔亮丽的街道广场和良好的绿化，俨然已成为一座整洁的城市。看到这些，我简直难以相信自己的眼睛。二连浩特市是离我们蒙古人最近的、我们最熟悉的城市，就在我们眼前发展着，成为中国近 20 年来蓬勃发展的一个缩影。

20 世纪 90 年代初，有许多蒙古人到中国去，事实证明，很多商人通过和中国进行贸易获得了最初的积蓄，开始了自己的生意。在这里要特别指出，在改变那时蒙古的经济困难、物资缺乏情况和一边倒的经济结构的过程中，中国的对外开放政策提供了很大的帮助。数千人到中国各个城市去获取蒙古国内没有或者发展不佳的医疗服务，现在仍是如此。近年来，蒙古年轻人中对中文感兴趣、想到中国接受高等或专业教育的人数激增，中国政府也给予了大量奖学金，因此，今天在国外留学的蒙古大学生中，在中国的占了首位。

今天，中华人民共和国已成为我国最大的贸易伙伴、最大的投资国和我国出口产品的主要市场。

这些都是我们两国关系从互信睦邻友好关系提升为全面战略伙伴关系的现实基础。在担任大使的六年多时间里，我亲身参与了蒙古国总统额勒贝格道尔吉、大呼拉尔主席恩赫包勒德、总理巴特包勒德和阿勒坦呼亚格，中华人民共和国主席习近平、全国人大常委会委员长吴邦国、国务院总理温家宝等高层领导访问的组织工作。2015年，我们两国高层一共六次会面，这是展现两国关系水平的一个指标。

我作为驻华大使工作期间，正值中国共产党第十七届领导班子与

2013年10月25日，中国国务院总理李克强与蒙古国总理阿勒坦呼亚格在北京人民大会堂举行会谈后，共同见证双边经贸、航空、科技、金融、基础设施建设等多项合作文件的签署。后排左3为策·苏赫巴托大使。（供图：中新社）

第十八届领导班子进行交接的特殊时期。在我看来，中国的新一届领导班子面临着许多机遇，也经受着重大考验。改革开放以来，中国经济快速增长，广泛建立起产业、科技基础，几亿人脱贫。我认为，现在中国经济正在进入发展的新阶段，也许是性质完全不同的阶段。对于中国新一届领导班子来说，在实现新目标、经历大考验时，良好的外部环境极为重要。应该说，这首先同周边国家关系最为密切，秉承互惠互利、双赢合作，相互分享发展成果、共同发展的政策，应该是我们两国面临机遇和创造良好环境的重要条件。

难忘在蒙古国的岁月

王义民（新华社原驻蒙古记者）

　　新中国成立后，中蒙两国于 1949 年 10 月 16 日正式建立外交关系，迄今已走过了 69 个春秋。在这期间，两国关系中虽有风风雨雨，但友好交往与睦邻互信仍占主体，以至今天已正式确立为"全面战略伙伴关系"。在两国的长期交往中，我作为中国新华社派驻蒙古国的记者，从 1961 年开始到 1997 年的 30 多年间，先后在蒙古国工作、生活了近 18 个年头，并在其后的近 20 年间又多次临时访问过该国，有机会亲历两国关系的寒暑冷暖各个时期。作为两国关系演变与发展的见证人，现在回想起来，有好多往事仍历历在目，难以忘怀。概括起来，60 多年间的两国关系大体可分为三个时期。

1997 年，王义民夫妇应邀参加蒙古国驻华使馆为该国人民革命胜利（国庆）70 周年举办的招待会期间，与查希勒冈大使（左 2）夫妇合影留念。

以意识形态划线时期的中蒙关系

这一时期，由于二战结束后一系列社会主义国家的出现和社会主义阵营的形成，夹在中苏两大邻国中间的蒙古国，因其优越的地理位置而受到中苏两大国的关照。在以意识形态划线的 50 年代到 60 年代初，基于良好的中苏关系，这一时期堪称中蒙关系的"黄金时期"。当时，中蒙两国政治关系密切，领导人互访频繁。在频繁的高层互访中，有两次最为引人注目。其中，时任蒙古部长会议主席（政府总理）尤·泽登巴尔是第一个访问新中国的外国政府首脑。访问期间，他受到中方热情隆重接待，时任政务院总理周恩来亲赴机场迎接，毛泽东主席会见并宴请了由他率领的蒙古政府代表团。后来，周恩来总理和副总理兼外交部长陈毅亦率团访问了蒙古，访问期间，不仅受到蒙古最高领导层的热情接待，而且受到当时只有 15 万人口的乌兰巴托市组织的 8 万多人的盛大集会和隆重夹道欢迎。双方在这次访问期间签署了两国历史上第一个《中蒙友好互助条约》和《中蒙边界条约》。

随着政治关系的不断深化，以中国向蒙古提供经济技术援助和劳动力援助为主要内容的两国经济合作关系也得到长足的发展。当时，按照社会主义阵营的分工，主要由中国帮助蒙古。尽管当时处于建国初期，各项事业百废待兴，但新中国仍从国际主义的原则出发，花了大量气力援助蒙古。据统计，依据上述有关经济技术援助和劳动力援助的协定，中国从 1955 年到 1960 年间，平均每年派 9000 名左右的员工到蒙古帮助建设，其中 1960 年最高峰时达到 1.5 万人。同时，按照 1956 年、1958 年及 1960 年签订的三个经济技术合作协定，中国共向蒙古提供了总额为 1.6 亿旧卢布的无偿援助和年息仅为 1% 的 3 亿旧卢布的低息贷款。通过劳动力援助，共计为蒙古建成了大小 5000 多个工程项目，仅建筑面积一项就达 270 多万平方米。通过无偿援助

1952 年 9 月 28 日，蒙古部长会议主席（总理）泽登巴尔（中）访华，周恩来总理亲往机场迎接。右为蒙古副总理兼外交部长拉姆苏伦。（供图：FOTOE）

和低息贷款，中国先后派工程技术人员和工人帮助蒙古建成了 33 个较大的工程项目及 20 多万平方米的住宅建筑等，并参加了政府大厦的扩建工程。直到现在，一些标志性的建筑工程项目，像连接乌兰巴托市中心与机场的和平桥和乌兰巴托饭店，以及百货大楼等，仍矗立在蒙古国的大地上熠熠生辉，成为中蒙两国友好合作的象征。

我是 1961 年被派往新华社驻蒙古分社工作的。当时正值蒙古人民革命胜利（国庆）40 周年前夕，我有幸参加了一些工程项目交工典礼的报道工作，其美好的记忆仍铭记在心。记得我初到蒙古时，常常听到不少蒙古朋友称赞中国对蒙古的援助，以至有人公开称苏联是蒙古的"大哥"，中国是蒙古的"二哥"，说有了大哥和二哥的大力帮助，蒙古会很快发展起来。

那时，在这种特定的友好环境下，我们作为中国派驻蒙古的唯一媒体的记者，无论在首都乌兰巴托采访蒙古中央各部委还是到外地采访，都十分方便。记得有一次我们到政府大厦去采访蒙古国家计划委员会主席索德诺木，因记错房号，闯入了蒙古大呼拉尔主席团主席（国家元首）桑布的办公室，桑布主席很客气地告诉我们索德诺木所在的另一间办公室的房号。这种情况在国与国关系中是十分罕见的，由此不难看出当时的两国关系是何等的亲密无间。在乌兰巴托的情况如此，去外地采访，同样也感到蒙古人民对中国人民的深情厚谊。记得我们到达各省省会时，通常都由省里主要领导出面接谈、介绍情况和宴请。到县社采访时，由县社长全程陪同。离开采访地，按照蒙古人待客的习惯，通常也是由当地负责人带上酒肉，开车送出十多公里，选择高坡处席地而坐，开怀畅饮一番，以示主人的盛情款待和惜别之情。

深陷低谷时期的中蒙关系

众所周知，从上世纪 60 年代中后期到 80 年代中期，受中苏关系恶化和中国"文化大革命"的冲击，这一时期中蒙关系深陷低谷。当时，苏联出于反华的需要，派遣大批苏军进驻蒙古，对中国构成严重威胁。特别是珍宝岛事件发生后的那段时间，蒙古媒体在谈及中国时往往会使用的一句话是"我们处在敌人的子弹射程之内"。显而易见，这句话的含意在于说明蒙古作为中苏之间对抗的主战场之一，小规模的冲突以至战争随时有可能发生。

在如此严峻的形势下，中蒙官方的正式交往几乎完全中断，外交交涉的大部分变成了"抗议"或"强烈抗议"。当时，按照国内指示，凡发现有反华内容的讲话等，所有参加活动的中方外交人员必须立即退场，以示抗议和表明我严正立场。但从事新闻报道的我们为了了解情况，基于特殊身份的需要，可以例外。所以，在很多场合，我这个唯一的中国驻蒙记者就成了引人注目的对象，有时甚至受到某些人的围攻。迄今，有不少蒙古人对我比较熟悉，可能与这一时期我经常出现在一些公众场合有一定关系。有人虽然叫不上我的名字，但知道我是高个子的中国记者。我外出时，常常有蒙古安全部门的便衣"护送"（尾随跟踪），以至有的人成了多次会面而"不打招呼的老熟人"。

　　说到遇有反华内容时中国外交官员必须退场一事，这在当时是常事。记得有一次很有意思，那次退场发生在乌兰巴托市中心的苏赫巴托广场（类似于中国北京的天安门广场）。当时，广场上正在举行庆祝"五一"国际劳动节的群众集会游行，游行开始前，蒙古一领导人发表讲话时谈到"印度支那"，而"支那"这个词在蒙古语里就是"中国"。可能是由于中国驻蒙古使馆翻译过于紧张，生怕出错引起政治问题，一听到"支那"这个词，就告诉参加观礼的中国外交官说"讲话中反华了"。这样，中国外交官们立即全部退场，弄得在场的蒙古人和外国驻蒙使馆的官员都感到意外。事后，越南驻蒙使馆还打电话询问中国外交官为何中途退场。现在听起来这似乎是一个笑话，但当时确确实实发生了。另有一次，几乎造成中国外交官员集体退场。那是罗马尼亚领导人齐奥塞斯库访问蒙古，按照常规，蒙古要举办群众欢迎的集会。集会开始前，罗方发现蒙古领导人讲话中有反华的内容，尽管是蒙方反华，但与罗方有涉，罗方怕因此得罪中国而要求将其删掉，但蒙方怕得罪苏联而坚决不删。双方为此发生争执，致使集会比原定开始的时间推迟了半个多小时。最后双方达成妥协，即双方都不发表讲话，由集会主持人——蒙古人民革命党中央政治局委员兼乌兰巴托市委第一书记阿勒坦格尔勒致了几句简单的开幕词就草草收场，随即转入观看文艺演出节目。对于这种一反常态的做法，大家都感到非常奇怪，却不知道其中的原因何在。对于这一戏剧性的变化，我们是后来才从蒙古有关人士处听说了原委，否则此举又会造成中国外交官的集体退场。不过，在那时，中国外交官退场是常有的事情，能参加完一场集会并观看演出实属罕见。

双方关系冰冷的时期，蒙方对中国限制的基本策略是一致的，但对使馆和记者的限制似乎稍有差别，对记者有时从工作需要出发宴请蒙通社和外交部新闻司的官员，对方一般还能应邀出席。但对中国驻蒙使馆举办的活动，蒙方都控制得相当严格，或者严加控制出席人数与规格。记得有一次由使馆临时代办举行的一个电影招待会，发出的请帖据说有100多份，其中包括蒙古外交部有关司局长及相关部门官员，但应邀前来的只有二三十人，且为首的只是外交部礼宾司的一名女随员级的官员。由这样级别的外交人员参加像中国这样的大国驻蒙使馆举办的电影招待会，在蒙古外交部对外交往中恐怕是绝无仅有的。这同50年代至60年代初的情况是根本无法相比的。记得蒙古当时的最高领导人泽登巴尔最后一次参加中国驻蒙大使馆国庆招待会是在1962年。

那段时间，对中蒙关系如此深陷低谷，连从事实际工作的蒙方有的工作人员在同我方人员私下接触中也感到意外和切肤之痛，普遍渴望改善关系成了两国人民真实的心愿和期盼。

迈向确立"全面战略伙伴关系"的中蒙关系

这一新时期始于上世纪80年代末90年代初。与上述两个时期相比，这一时期的特点是在国际关系发生深刻变化后出现的。更具体说，这一时期的中蒙关系是在冷战结束、国家关系摆脱意识形态束缚并且各自都在实施改革开放和奉行独立自主的对外政策下形成的。正是在这种背景下，中蒙两国高层互访异常频繁，中国四位国家主席都先后访问了蒙古，蒙古历任总统、议长和政府总理都访问了中国或来华参加了国际会议。中蒙双方都表示，要把发展两国友好合作关系作为本国对外政策的首要战略方向之一。中方重申尊重蒙古国的独立、领土完整，尊重蒙古国人民根据本国国情选择的发展道路，尊重蒙古国无核武器地位。蒙方重申坚定奉行一个中国原则，支持中方在台湾、涉藏、涉疆问题上的立场。经过双方的共同努力，不可否认的事实是，两国关系在这一时期有了长足的发展。特别是近年来，发展速度明显加快。表现在政治关系上，如果说两国关系从 2003 年到 2011 年由"睦邻互信伙伴关系"发展变化到"战略伙伴关系"的话，那么从 2011 年到 2014 年只用了较短时间就由"战略伙伴关系"迅速提升为"全面战略伙伴关系"。其后，只过了一年多一点，到 2015 年 10 月蒙古国总统额勒贝格道尔吉应邀访华时，双方发表了关于两国"深化发展全面战略伙伴关系的联合声明"，并对如何深化发展这种关系作了更具体的规定，列入了一些新的条款，进一步充实和丰富了其内涵。

作为曾长时间在蒙从事新闻工作的老记者，并且迄今仍是从事有关蒙古国研究的国务院发展研究中心欧亚社会发展研究所的一名研究员，我对两国关系发展变化感触尤深，并为两国关系发展到今天这样的

上世纪 90 年代中期，王义民在飞机上采访蒙古国第一位女飞行员。此照片被收入 1995 年在北京召开的世界妇女大会会刊，并在为大会举办的展览上展出。

状况感到高兴。仅以贸易关系和人员往来为例，适应政治关系发展的新变化，两国现在每年的贸易额达 60 亿美元左右，而在关系深陷低谷时，两国年贸易额曾低到只有 61 万旧卢布，其差异之大显而易见。在人员往来方面，两国现在每年的人员往来已超过百万人次，以至高达 120 万人次，其中以蒙古人来华占绝大比重。如果把这种情况同上世纪 60 年代中后期到 80 年代中期的情况加以对比，那简直可以说是天壤之别。记得那时北京—乌兰巴托之间直接开通的国际列车最少时只有一节车厢，在中国境内和在蒙古国境内是分别加挂在各自国内列车的编组系列中，且有时只有一名乘客或是跑空车，故列车上的乘务员对旅客戏称，您所乘坐的这趟列车是"北京开往乌兰巴托的专车"或"乌兰巴托开往北京的专车"。现在，不仅在陆上从乌兰巴托有多趟火车和汽车直通北京或内蒙古自治区首府呼和浩特，而且每天有飞机往返北京、呼和浩特与乌兰巴托之间，但有时仍是一票难求，特别是在夏天旅游旺季更是如此。故早在上世纪 90 年代中期，时任蒙古国驻华大使查希勒冈就在蒙古国报纸上发表文章说："北京现在是蒙古人通往世界各地的主要通道和桥梁。"过去蒙古人出国选择的路线是途经莫斯科，现在则是途经北京。蒙古国驻北京使馆是其接待任务最重的使馆。

　　回顾中蒙关系自建交以来所走过的道路，可得出的一个结论是：发展友好合作关系对双方都有好处，对抗对双方是有百弊无一利。这对有着 4700 多公里漫长边界线的中蒙两国来说，情况更是如此，且已为上世纪六七十年代乃至 80 年代蒙古把大批苏军引进国土的事实所证明。记得我在 1997 年离开新华社驻乌兰巴托住所回国前夕接受时任蒙古一家主要报纸《今日报》总编辑普尔布达希（曾任蒙通社社长）采访时说过的一句话在蒙古引起很大反响。该报当时用了将近一个版的篇幅刊登这篇采访记，用的通栏大标题是"王义民说，邻家关系不好是可以选择搬走的，而邻国是无法选择的"。的确，这句话是我作为新华社派驻蒙古国记者有感而发的肺腑之言。我是由黑头发进入

王义民（右2）在蒙古国科学院院士、著名汉学家达莱（左1）家做客，同其家人合影留念。

蒙古国而以白头发离开蒙古国的。因此，以某种意义上讲，蒙古可以说是我的第二故乡，我熟悉这里的山山水水和民风民俗，在当地有好多朋友和熟人。尽管在两国关系不好时有过不愉快的回忆，坐过"冷板凳"，但美好的回忆仍占主体。特别是我最后离开新华社驻蒙分社岗位时，时任蒙古国总统奥其尔巴特发布命令授予我友谊奖章，蒙古新闻工作者联合会和自由新闻工作者联合会分别授予我各自的最高荣誉奖章和奖状。在时任中国驻蒙大使齐治家为我离任举办的招待会上，许多蒙古新闻界的朋友应邀前来参加和亲切话别。

我回国后，尽管已到退休年龄，但仍应国务院发展研究中心欧亚社会发展研究所之邀做了该所的研究员，并应内蒙古大学和中国蒙古国研究会之邀，分别兼任其名誉教授和顾问等职。这使我有机会能继

2012 年底，王义民应邀赴蒙参加该国纪念成吉思汗 850 周年诞辰活动，期间受
到蒙古国总统额勒贝格道尔吉的接见。在场的蒙方人员还有：总统外交与安全政
策顾问普日布苏伦（左 1）、外长包勒德（中）、科学院院长恩赫图布辛（右 2）。

续为发展中蒙友好关系尽微薄之力，作出力所能及的贡献。

　　这里，我还想在结束这篇回忆时强调一点，即在 2012 年，应蒙古
有关方面的特别邀请，我以当年参加过该国纪念成吉思汗 800 周年诞
辰活动全过程的唯一外国人的身份，在为纪念成吉思汗 850 周年诞辰
活动而举办的国际学术研讨会上，对 50 多年前的情景作回顾性的发言，
并接受了蒙古电视台记者的专访。行前，我亦在蒙古国驻华使馆举办的
活动中作了类似的发言。更使我为之感激的是，在我这次应邀访蒙期
间，额勒贝格道尔吉总统还特意接见了我，并在接见后的第二天由蒙古
外交部邻国司官员向我转交了接见时的留影。

第一次做口译

D·包勒德巴特尔（蒙古国光明语言学院顾问教师，博士、教授）

石　洁译；袁　琳校

蒙古著名作曲家 N·姜仓诺罗布（Natsagiin Jantsannorov）曾经告诉我，艺术工作者的工作和生活可以划分为明确的时期。现在回想起来，这句话如真理一般。对我来说，作为汉学家和汉语翻译，回顾自己的经历，我觉得可以划分为四个时期。

具体地讲，在最初涉足翻译这个陌生而又艰难的世界时，我积极从事了口译工作；到 30 来岁的时候，我开始缓慢地翻译电视连续剧；40 岁后，逐渐转入编写中、日、英等外语字典和教科书的阶段；到了 50 岁之后，就要卷起袖子开始从事文学作品的翻译了，与此同时，开始更加关注如何将自己所学习到的知识和经验传授给青年一代的问题。

中国古代的圣人孔子曾经说过："三十而立，四十而不惑，五十而知天命。"在五十"知天命"这个阶段，我想跟大家分享蒙中关系回暖初期我初次参加口译的一次有趣而又令人深思的经历。

1990 年暮春，重新成立蒙中友好协会的会议在那时的和平友好组织联合会大楼里召开。在那次会议上新选出来的 25 个主席团成员中，我是最年轻的一个。当时的乌兰巴托市市长 L·额奈比希（L. Enebish）当选为友协主席，N·姜仓诺罗布、B·勒哈格瓦苏伦（Bavuugiin Lkhagvasuren）等各领域的杰出人士也都被选入主席团。

同年秋天，蒙中友好协会主席团的绝大部分成员对中国进行了访问。这次访问是蒙中关系恢复以后民间组织发起的对中国的第一次访问，而且也是规模较大的一次访问。

我们都清楚地知道，在此之前，在席卷世界的冷战格局的负面影响下，我们两国的关系在 20 多年间出现了巨大的鸿沟，由此造成此类交往活动出现断档。此次访问原定由友协秘书长冈苏赫（Gansukh）承担翻译工作，但冈苏赫因故没能前往中国，所以就不得不由我来代替他承担起翻译的重任了。

我从蒙古国立大学汉语专业毕业，留校执教一年之后，又在蒙古广播电台汉语编辑部从事了三年的笔译工作，闲暇时还会播些广播，所以可以说积累了不少的经验。

在那次访问之前，我和纪录片电影厂厂长宾巴（Byambaa）先生、著名电影导演贡布（Gombo）先生一同去过一次北京，为拍摄与两国关系复苏有关的纪录片的谈判担任翻译，所以在口译方面也积累了一些经验。

在首都机场迎接的中蒙友好协会的工作人员中，我认出了与我年龄相仿的蒙古语翻译王福康。因为当我还在蒙古国立大学学习期间，柴文睿、王福康来中国驻蒙古大使馆实习时，我们见过一次面。

当时我心想，比我晚学了一年的中国大学生做翻译，我们俩的水平差不多，于是自己也就不紧张了。现在回想起来，中国的那句古话"初生牛犊不怕虎"真是在我身上得到了验证。中方给予我们高规格的接待，让我们住进了北京饭店的新大楼里。在第一天盛大的晚宴之后，第二天一早即开始了两国友好协会的正式会谈。宽敞明亮的会议厅里，照相机的镁光灯闪个不停，台上是一排正襟危坐的领导。

一看到这会议厅里严肃的氛围，想到要把这些大领导们的讲话在几个小时内直接翻译出来，我就开始感到非常害怕。然后，正式活动准时开始了，会议主持人用中文介绍了来宾。到致开幕辞时，中方翻译觉得是自己负责的部分，就大声、流畅地翻译出领导的话。而在这方面毫无经验的我要么翻译三两个词，要么卡壳，这样反复多次。额奈比希主席讲话很有条理，逻辑性强，这对于缺乏经验的我来说更是

包勒德巴特尔在北京大学参加活动时致辞。

难上加难。

我又慌张，又害怕，全身冒着冷汗。走投无路的时候，我就想："我辜负了你们对我的信任，我把祖国的颜面丢尽了。"边想边郁闷，这时，额奈比希主席说道："我方希望通过双方协会，每年定期在乌兰巴托、呼和浩特之间开启友好班列。"我卡在友好班列这个词的翻译上了。

当额奈比希说"蒙方邀请中蒙友好协会代表方便的时候来蒙古国回访"时，我又卡住了。尴尬的是，每次我卡壳的时候，有一个人的啧啧叹气声便响彻厅内，陷我于更加尴尬的境地，我真的很想找个地缝钻进去。细听那人的声音后我知道，他是艺术家 B·勒哈格瓦苏伦先生。

那天晚上，为了校对双方商定签署的备忘录，我敲开了与我们同住的中方翻译王福康房间的门。顾不上问候，我懊恼地问道："我今天是不是表现得很糟糕？"

"怎么这么说呢？"他回答道。

"唉！翻得乱七八糟的。"

"每个人第一次做同声传译的时候都是会紧张的嘛。"

"你第一次做同传的时候也会那么紧张吗？"

"我们中国的翻译工作者分为一、二、三等级，按级别分配不同的工作。最高的级别是国事翻译。翻译工作者要一级一级地晋升，完成相应级别的工作，所以就紧张来说的话还好。但是，第一次做同声传译的时候也是有不适应的。对你而言，在广播电台工作，你的发音特别纯正，而且把领导人说的话全部翻译过来的意愿是好的。"

我问道："老实说，你比我晚一年学蒙古语，但是为什么你能在这么短的时间内把蒙古语学得这么好？"王福康回答道："我每天早上都大声朗读你们《人民权利报》30 分钟，其他什么也不做。现在可以说，《人民权利报》上面没有我不知道的词。"他的一番话使我醍醐灌顶。我心想：作为同龄人，他每天坚持大声朗读 30 分钟后变得这么棒，我为什么不采取这个方法呢？以后回到蒙古，我不仅读报纸，文学作品、杂志也尽可能大声读，不久就收到了很好的效果。

去北京两三天后，我渐渐适应了翻译场面。在接见的时候做翻译，紧张少了很多，害怕也消失了不少。但是当中国副总理吴学谦在中南海紫光阁接见蒙古国代表团时，那种极度害怕的感觉又令我不知所措，虽然很努力地使自己的翻译能力得到最大程度的发挥，但我觉得还是出现了问题。

此后，中方邀请我们去广州、深圳等地参观，使我们亲眼目睹改革开放后十几年里中国沿海地区取得了多么大的进步。持续多天的访问由南向北一直延续着，（最后）我们的飞机在呼和浩特降落。我现在还清楚地记得，（我们）在广州住五星级的东方宾馆，而在呼和浩特则住昭君大酒店。

在内蒙古自治区访问时，时任自治区主席的布赫先生及呼和浩特市市长贾才等领导热情接待了我们。在呼和浩特举行的一场晚宴之前，蒙中双方向新闻媒体通报了此次访问的过程。依旧是那闪个不停的照相机灯光，还有站成一排的双方领导，看到这熟悉而又令人害怕的场景，我又忍不住膝盖开始颤抖。我的对面是看起来和我一般大的年轻的内蒙古翻译，他的表情也相当紧张。仔细一看，他的脸在抽搐。"和这个年轻人紧张到脸颊抽搐相比，我紧张到膝盖发抖是小事啊！"这样一想，我的紧张感便渐渐减弱，拼了一把之后，感觉自己翻得还算过得去。

那次之后，我做过口译、公文、文学、电影等各种翻译。但是，1990 年那次访问中的翻译经历在我心里留下了愈发深刻的印象，并且对我之后的工作和生活产生了很大的影响。活到现在，我翻译了《还珠格格》《成吉思汗》等深入人心的电视剧共 1300 多集，以及《三国演义》《狼图腾》等长篇小说，编撰了已经成为每个学习汉语的大学生、年轻人"掌中宝"的《汉蒙字典》《蒙汉字典》等。虽然在这方面我有很多可以讲述的，但是在两国关系回暖时期担任翻译的那次经历对于正在痴迷学习汉语的年轻人，特别是年轻的翻译工作者们十分有益。正是考虑到这一点，我写下了这篇简短的回忆文章。

亲历"9·13"坠机现场调查

王中远（原中国驻蒙古国使馆翻译）

中蒙关系开始缓和

上世纪 60 年代末，尤其是 1969 年"珍宝岛事件"后，中苏两国关系由全面恶化演变为军事对抗和严重的军事冲突。蒙古当局紧随苏联当局，亦步亦趋，反华的浪潮一浪高过一浪。1969 年 9 月，中苏两国总理在北京机场会面后，中苏关系开始有所缓和，中蒙关系也随之有所缓和和松动。1970 年 8 月，蒙方正式向中方提出改善国家关系的五点建议，包括双方重新互派大使（"文革"中，双方撤回了常驻大使，中国驻蒙使馆四年多没有大使），双方重新互派常驻记者，以及双方互设电台，解决乌兰巴托与北京通信联络不畅问题等。蒙古当局开始从恶意反华转为希望同中国改善关系，并希望作出一切努力使两国关系正常化。但"冰冻三尺，非一日之寒"，国家关系正常化问题解决起来并非易事。又经过近一年的努力，1971 年 8 月 20 日，中国新任驻蒙大使许文益到任。随后，蒙方也派出文化部长索苏尔巴拉姆任驻华大使。至此，作为国家关系正常化的重要标志——互派大使已经实现，两国关系长达数年的冰冻期已基本过去。接着，又相继解决了互派常驻记者、互设电台、向蒙方移交在建未完工程项目如培才学校和友谊医院等事项。两国关系由冰冻期进入了缓和松动期。

我是 1971 年初到驻蒙古使馆工作的。我到使馆后，一方面向老同志学习，一方面努力习惯馆内的工作。半年多之后，8 月 20 日，许文益大使和夫人卓文乘北京—乌兰巴托—莫斯科国际列车抵达乌兰巴托，使馆全体外交官和工作人员到车站热烈欢迎。许大使是位老八路，50多岁，黝黑的面孔，腰杆笔直。据说，解放战争时他是位团级干部，久经战火的考验，全国解放后调入外交部工作，外事工作经验丰富。在车站，许大使面带和蔼的微笑，和我们每个人握手。

许大使到任后，即开始忙于递交国书和拜会蒙方领导人的活动。期间，蒙方安排的各项拜会活动中，气氛一直是比较友好的。

王中远（左）和毛家义二秘在使馆留影。

事发突然

使馆通常是早7时半吃早餐，8时上班。9月14日早餐后，我们几个年轻人都在使馆办公楼的前厅闲聊，等待8时上班。刚到8点，蒙古外交部突然来电话，称外交部副部长额尔敦比列格上午8时30分要紧急约见许文益大使。按照惯例，外交约见一般要提前一天或至少半天通知。而今天如此仓促地约见，而且许大使到任后尚未拜会这位副部长，这使许大使和其他馆员感到非常意外。估计肯定是两国间发生了什么意外事件，或者是边界问题，或者是华侨问题，还是其他什么问题。我作为外交战线的一名新兵，对外交斗争毫无经验，只能跟其他同志一样怀着不安的心情等待着。

8时20分，许大使出译员刘振鲁陪同赶往蒙古外交部。额尔敦比列格副外长见到许大使后，先对许大使到任20多天尚未正式拜会就仓促约见表示歉意，接着就通知说："13日凌晨2时左右（按：后蒙方肯

王中远（右）和张德麟大使夫人乌嫩在蒙古国南戈壁省留影。

定为 2 时 25 分），我国肯特省贝尔赫矿区以南 10 公里处有一架中国喷气式飞机失事。此事我们有关部门当天上午才知道，昨天去现场了解情况。经多方证明，那架飞机属于中国人民解放军某部，乘员 9 人，包括 1 名妇女，已全部遇难。这件事发生在夜间，我们还要去现场了解情况，所以通知大使迟了些。"接着，他又对中国军用飞机深入蒙古领土提出口头抗议，并表示希望中方就此事的原因作出正式解释，蒙方保留再提出交涉的权利。最后，他又表示，现在天气较暖，尸体需要按某种方式予以掩埋，并再次强调，中国政府要在近期内就军用飞机深入蒙古领空的原因作出正式解释。

许大使当即表态说："感谢副外长通知我这件事。正当中蒙两国关系开始正

王中远在乌兰巴托郊外。

常化的时候，我国飞机由于某种原因在蒙古领土上失事，这当然是很遗憾的"，"对于副外长提出的口头抗议，在我未弄清和了解事实真相之前不能接受，但我可以转告我国政府。"他最后提出："我们可以派人去现场勘察吗？"许大使告辞时，额尔敦比列格副外长让中方将派去现场的人员和时间尽快告知蒙方，以便安排。

许大使亲赴现场

9月14日中午，许大使决定派二等秘书孙一先、工作人员沈庆沂和我去现场察看，并通知蒙外交部。蒙外交部中午11时50分来电通知，同意中国大使馆派三人去现场，并已准备好专机，下午即可动身。

但当时因使馆没有电台，请示国内必须通过蒙古邮局发电报。由于当时蒙方办事效率不高，特急电报往往要三四个小时才能发出。情况紧急，许大使当机立断，启用已封停多年的中蒙苏三国间"热线"电话，与国内联系。期间，蒙方曾多次催促我方人员去现场勘察。但一直等到晚上6点多钟，才收到国内回电，内容大致是：许大使立即约见蒙古副外长，奉命通知："13日2时中国飞机可能是迷失方向，误入蒙古国境，我们表示遗憾。请蒙方即派飞机载大使及随员亲赴现场视察"，并要求大使详细观察飞机失事原因，如有尸骸应要求带回，未烧毁的文件要求转交我们，飞机残骸可拍照取证。当晚8时30分，许大使到蒙外交部，按上述口径通知蒙方。蒙外交部副外长额尔敦比列格称，将尽快安排飞机赴现场。

许大使回到使馆后，即把约见情况报告国内，并请示，如果不能火化，能否就地埋葬，待适当时候再把遗骸运回国内。翌日凌晨，国内指示：尸体尽量争取火化，将骨灰带回。如火化确有困难，可拍照作证，就地深埋，树立标志，以便以后将遗骸运回国内。

9月15日下午1时30分，蒙外交部通知我使馆，温都尔汗地区气象转好，专机 2 时 30 分可以起飞。许大使、孙一先、沈庆沂和我一共 4 人带着应用物品及备用的酒、烟、茶等礼品，起身赶赴机场。

勘察坠机现场

为勘查现场，蒙古方面组织了一个庞大的班子，包括蒙古边防内务军管理局处长桑加上校、蒙外交部领事司司长高陶布、外交部二司专员古尔斯德、蒙国防部副处长达木丁上校、蒙古民航局专家云登少校以及法律专家、法医和摄影记者等 20 余人。2 时 45 分，我们乘蒙方准备的伊尔 –14 飞机起飞，航程约 300 公里，一小时后降落在温都尔汗机场。蒙古肯特省的一名副省长和责任秘书（相当于政府秘书长）前来接机。蒙方告，距坠机现场尚有 70 公里，我们分乘两辆嘎斯 69 和一辆大轿车前往，约 6 时左右抵达现场。

坠机现场位于温都尔汗西北约 70 公里的苏布拉嘎盆地。飞机由北向南迫降，着陆点正好在盆地中央，周围都是不高的小丘陵。现场过火草地长约 800 米、宽约 20—200 米，草地全部烧焦。中间一个高高翘起的飞机尾巴和几十米外烧毁的机身十分显眼。

蒙方人员簇拥着我们 4 人向现场走去，照相机和电影摄影机响个不停。老孙和老沈每人拿着一个照相机去现场照相，我陪许大使跟随蒙方人员在现场勘察。蒙方主要由飞行专家云登少校介绍飞机着陆的有关情况：坠机现场最北端往南有约 30 米长的一道槽沟，深约 20 厘米，是右侧机翼划地造成的。云登少校介绍说，飞机机翼擦地后，由于腹部无法接地，飞机又前冲，失去平衡后在地面翻滚约 500 米远，发生爆炸，机头和机身猛烈燃烧，最后只剩下烧毁的空壳。经勘察，机头正东 20 米处一段左机翼，上有"……256"号码，东侧 40 米处有一段右机翼的外展部分，上有"中国"二字，另外一段上有"民航"二字。机身以南 80 米处有一起落架，再往南 200 米有一个完好的轮

许文益大使（左3）、王中远（左2）、云登少校
（左4）在坠机现场。

胎。机身西北60米处，高高地斜卧着机尾部分，上面的五星红旗和
机号"256"等标记清晰可见。这些都明白无误地显示，此机是我国
民航的256号飞机。

在机身以北至50米处散落着九具尸体。尸体大都仰面朝天，四肢
叉开，头部多被烧焦，变黑，面部模糊不清，难以辨认。我们将尸体
从北向南编成1—9号。经事后查证，5号尸体位于中间，是林彪，他
头骨裂开，颅脑部分都已烧成焦黑，嘴部张开，牙齿摔掉，舌头烧黑，
胫骨炸裂，肌肉外翻。8号尸体叶群是唯一的女性，她离机身较近，
烧得也较轻，皮肤有些发红，有的部位还是完好的，头发还在，右肋
部绽裂，肌肉外翻。2号尸体是林立果，个子较高，面部焦黑，四肢
张开，似是死前在烈火中挣扎过。9号尸体是飞机驾驶员潘景寅。1号
尸体是林彪座车司机杨振纲。4号尸体是特设机械师邰起良，上身穿
皮夹克，九人中只有他的衣服未被烧光。6号尸体是机械师张延奎。7
号尸体是空勤机械师李平。3号尸体是刘沛丰（空军司令部办公室副处长）。上述尸体躯干大都完整，多为皮肉撕裂，骨骼折断，肢体变形，严重烧伤，系飞机坠毁时摔撞再燃烧造成的，而非空中爆炸造成。值得注意的是，每具尸体腕上均无手表，脚上无鞋子，身上无钢笔等硬东西，看来在飞机紧急迫降前，为避免冲撞扭伤，机上人员都作了应急准备。

经现场初步勘察判断，飞机是由于不明原因紧急迫降，着陆时失去平衡，右机翼触地引起爆炸燃烧而失事。蒙古方面基本保护了飞机失事现场。

土葬死难者

勘察完现场，双方就在机身旁的大轿车上讨论了尸体处理问题。蒙外交部高陶布司长强调蒙古没有火化习惯，更没有火化设施，而且裸尸已有三天，令人不忍，必须立即埋葬。许大使观察了一下现场情况，也觉得当地确实没有火化条件，根据国内指示，便同意了按蒙方意见土葬。许大使带领老孙、老沈和我及蒙方人员在周围转了转，终于在现场西北约 1 公里处的丘陵的半坡高地上选定了埋葬地点。桑加上校说："这里面向东方，每天可以看到太阳升起，葬在这里好。"

当天夜里，桑加上校调来一个班的士兵，连夜挖了一个长 10 多米、宽 3 米、深 1.5 米的土坑。16 日上午，我们又察看了一遍遗体，蒙方在每具尸体旁已放置一口白茬棺材。这些棺材是蒙方连夜赶做的。近 11 时，开始入殓。双方人员都在场注视，蒙古士兵将每具尸体用白布裹身，按我们的编号顺序逐个装入棺材。遗体装殓完毕，用汽车拉到挖好的大坑边，按编号顺序由北而南一个个放下去，棺与棺之间留有大约 20 厘米的间隙。

之后，按照蒙古习俗，在 9 具棺木上横铺整幅的红布，再覆上稍窄的黑布。许大使、高陶布司长和桑加上校分别执锹填土，接着由老孙、老沈和我再执锹填土，最后由蒙古士兵铲土封埋。

中午12时许，坟已堆好，略高于地面。高陶布司长说，可从飞机残骸中选一样东西放在坟上面。我说，把机上发动机的进气口环搬来放在上面如何？许大使和蒙方人员均同意，就让蒙古士兵用汽车把进气口环和环中间的分流锥拉来放到坟顶。远远望去，圆圆的进气口环和中间尖尖的分流锥在阳光下闪闪发光，既可以作为永久的纪念，也是航空的标志。

最后，许大使、老孙、老沈和我在坟前站成一排，毕恭毕敬地三鞠躬，向死难者致哀。

艰难的谈判

在温都尔汗，我们同蒙方进行了5轮会谈。第一轮，9月16日0时25分至3时，在我们住的克鲁伦饭店，蒙方参加的有桑加上校、高陶布司长和古尔斯德专员，我方有许大使、老孙、老沈和我。蒙方首先提出要拟定三种文件，一是现场调查纪要；二是死难者遗体核查纪要；三是死难者安葬问题纪要。桑加上校主要强调飞机失事的原因"是在没有外来影响的情况下，出于自身不明原因降低飞行高度，试图用腹部着陆时，右翼撞地，造成严重损坏，因而发生爆炸失事"，他强调当时肯特省"上空没有危险的气象情况"。关于飞机的性质，他强调"这是一架有中国民航标记的、为军事服务的、乘有军事人员的飞机"，"机内乘坐的是中国人民解放军的军事人员"。

第二轮会谈是9月16日11时在坠机现场的大轿车上，谈了一个多小时。先由桑加上校宣读蒙方起草的关于安葬死难者的纪要文稿，他仍然强调飞机是"中国人民解放军人员驾驶的"，包括死难者安葬地点及双方参加人员姓名。16日下午，老孙和我再次在现场进行勘察后，5点多回到酒店。稍作休息，晚10时左右，古尔斯德送来蒙方起草的纪要文本，我和老沈开始紧张地翻译，抄清后送许大使审阅。老沈在蒙古留学多年，又在蒙长期工作，蒙古情况熟，翻译水平高。而我新到蒙古工作才几个月，在与他共事中也确实学了不少东西。

蒙方在《飞机失事现场调查纪要》草稿中，称飞机"是在没有外来影响情况下，由于自身不明原因降低高度，试图用腹部着陆时，机翼撞地造成严重损坏，发生爆炸而失事"，死者"八男一女"，从死者身上带的枪支、子弹及某些证件判断，"他们是军事人员"，"失事地点有手枪 7 支、自动机枪 1 支、子弹 43 发、枪套 8 个⋯⋯"。

第三轮会谈开始于 9 月 17 日凌晨 4 时 25 分，仍在克鲁伦饭店。首先，许大使对"纪要"文本提出几点意见，主要有：飞机是"民航飞机"，"由于迷失方向误入蒙境"，"飞机载有中国的军事人员，也载有非军事人员⋯⋯"，等等。蒙方建议休息后再谈，时间推迟到 9 月 17 日晨 5 时 25 分，后又推迟到上午 10 时。

第四轮会谈从 9 月 17 日上午 10 时 15 分到 11 时 55 分，这次会谈的焦点仍然是"军""民"之争，即"军用飞机"和"民航飞机"、"军事人员"和"非军事人员"之争。

第五轮会谈从 9 月 17 日 15 时 20 分到 17 时 10 分，双方进行了较激烈的争论。焦点仍在"军""民"这个关键词上，无法达成一致。争论到最后，蒙方坚持在纪要上签字，我方拒绝签字。会谈不欢而散，没有达成协议。

9 月 17 日下午 6 时许，我们来到温都尔汗机场，登上专机返回乌兰巴托。到机场送行的仍是接待我们的那位副省长和省政府责任秘书。许大使向他们致谢告别。

几点体会

该事件发生在中蒙国家关系开始由"冰冻"到"回暖"的过程之

中，双方刚刚互派了大使，总的气氛是开始变得友好。蒙方在接待和谈判过程中，尽管有过激烈的争论和坚持，也没有达成协议，但总的感觉还是友好和克制的。他们对我们提的修改意见是尊重的，有的也接受了。

9月下旬以后，关于"9·13"事件，国际上各种传闻和猜测已沸沸扬扬，有增无减。先后有合众社、路透社、塔斯社和日本的媒体进行了报道。9月29日，蒙古的广播电台和《真理报》报道称，蒙古政府就中国飞机"侵入"蒙古领空一事"要求北京作出正式解释"。9月30日晚，我使馆举行国庆招待会，前来参加招待会的蒙古第一副外长方登当面向许大使解释说，"发消息是为了让人民群众知道这件事，澄清一下各种不正确的传闻。"在招待会上，蒙古国防部的外事处长（此人对华一贯友好）拉我到一边，小声咬着耳朵问："林彪还活着吗？"我依照国内的口径含糊地回答说："一切如旧。"这说明蒙方从国际上各种传闻和猜测中似已猜到失事飞机的死难者中有林彪。

9月20日，许大使派孙一先同志回国，向周总理直接汇报了"9·13"事件处理情况。

关于"9·13"事件，虽然已经过去了45年，但各种传说和猜测依然不断，有的说飞机是被导弹打下来的，有的说林彪是被"劫持"的，还有的说林彪根本不在飞机上……等等，不一而足。孙一先回国汇报后，国内组织由时任空军军训部部长、空军特等功臣、一级战斗英雄王海（后任空军司令）及其他几名同志组成的专家组，通过分析研究得出的报告认为：飞机是有操纵的野外迫降没有成功造成损毁的。飞行员做了野外降落的动作，但不完全（因飞机迫降过程中，有的动作应由副驾驶完成），飞机着陆时速度过大，撞击地面。至于飞机是否空中起火爆炸和被导弹击中，专家组作了否定的结论。我们作为坠机现场处理的亲历者，只能证明飞机是在地面起火爆炸的，而且死者中确有林彪父子和叶群。在现场勘察时，发现一个语录本，内夹有一张林立果的空军大院出入证，编号 0002 号，上面填写着：林立果，24岁，干部。我在北大读书时，知道林彪有一女林立衡（豆豆）、一子林立果在北大读书。但当时因为时间紧，又想可能是中国其他同名同姓的人，也就没有多想。语录本内还有几张几个军人在颐和园昆明湖冰上照的 135 相机底片。

通过这几天的紧张工作，作为外交工作的新兵，无论从外事谈判和翻译角度，我从许大使、老孙和老沈身上都学到了不少东西。

许大使回到乌兰巴托后，即忙于国庆的庆祝活动。国庆后，蒙方继续安排许大使的拜会，11 月双方开始援蒙工程项目和友谊医院、培才学校移交工作的谈判。中蒙关系没有因坠机事件受到影响，继续朝缓和的方向发展。

我的汉语学习之路

Sh·额格希格（蒙古国立大学科技学院亚洲学系副教授）

石　洁译；袁　琳　王　浩校

　　学汉语这件事，小时候我压根就没想过，更别说有计划地学习了。我所在的中学以数学教学闻名全国，有很多各科全能的老师，是全国最有名的学校。从这所学校毕业的时候，记忆中除了体育课之外，其他文化科目都没有难倒过我。尤其是物理、数学、几何这些课程，学起来就跟玩速算游戏那样毫不吃力，我打算毕业后就读数学或者物理工程类的学校。十年级，我以优异成绩毕业。当时，就成绩而言，我选哪个专业都没问题。选专业前夕，有一天家人还一起商量过。爸爸与 Ch·罗布桑扎布老师通了电话，而后对我说："明天去拿进蒙古语班的分配表吧，爸爸和老师商量过，你是女孩，选工程类的专业要不去工厂，要不去乡下，不适合你。"我原来想到国外学习，倘若去蒙古语班，这个愿望将难以实现。我明白自己未来的人生轨迹就在爸爸作出决定的那一刻确定下来。在蒙古国立大学蒙古语言文学专业学习了一年后，我有了选择学汉语或日语的机会。爸爸建议我说："进入汉语班学习，今后从事研究工作时可以积累大量材料，还能有门外语技能。"就这样，我转到了汉语班。

　　我小的时候，听、说汉语的机会特别少。中国"文化大革命"期间，两国关系基本中断。我不能随便说所学的汉语，也不能随意听与中国有关的新闻。小时候我和爷爷奶奶在夏营地收听广播，调频时听到汉语的频道，听听也就过去了。当时也曾想过："这是什么奇怪的语言啊，怎么听起来这么有趣。为什么和我们说的语言相差这么大？音调抑扬顿挫，声调也高低不一，这种语言怎么学啊？"然而，我从大

蒙古国立大学 1987 级汉语班的学生们和陈荣德
老师（右 3）合影。

学二年级开始一直学习汉语，至今还在从事汉语翻译与研究的工作。

　　1987 级汉语班有六名学生。那一年，中国派遣首批汉语专业老师来到蒙古国立大学，就是毕业于北京大学蒙古语专业的陈荣德老师。陈荣德老师特别用心地指导我们学习汉语。不久，他的夫人徐寿芬老师也来到蒙古。徐寿芬老师和陈荣德老师口音完全不同，徐老师的口音比较柔和，后来才知道她是上海人。我们班非常幸运，一开始就由中国老师任教，还有了专为外国学生编写的汉语教材——比我们高一级的学生则是使用苏联编写的汉语教材。我们班的六位同学都很用心地学习，毕业时，M·慧勒达尔（М. Хуйлдар）、J·巴特图尔（Ж. Баттөр）和我三个人分别荣获 D·苏赫巴托奖学金和 D·那楚克道尔基奖学金。一个班出现这么多获得奖学金的同学很罕见。通常，二三十名学生的班里有一两个人获得奖学金就很不错了。

蒙古国立大学汉语系是当时蒙古国唯一的培养汉语人才的摇篮，Ch·罗布桑扎布（Чой. Лувсанжав）教授和 J·巴雅萨赫（Ж. Баясах）、Ch·塔玛（Ч. Таамаа）、Ts·巴扎尔拉格查（Ц. Базаррагчаа）、D·那仁（Д. Наран）、Ya·钢巴特尔（Я. Ганбаатар）博士等老师在这里教授汉语。

1991年大学本科毕业后，我留校任教。工作了两年，我意识到语言实践特别重要，就把这个想法告诉了 J·巴雅萨赫老师，他建议我争取获得中国政府奖学金去中国进修。

1993年，我第一次踏上中国的土地，所有的一切对于我而言都是那么新鲜。北京给我留下的印象是人特别多，车水马龙，人头攒动，天气也出奇地热。冥冥中，我预感自己的工作和生活与这个国度有着某种联系。分配到其他城市进修的学生被安排到北京语言大学暂住，

1994年，额格希格在黄河边上。

额格希格（左1）和山东师范大学的汉语老师
合影。

还发了交通补贴。在北京待了三天，我再次出发，去位于山东省省会
济南市的山东师范大学。只有我一个人被分配到这座城市，我只能独
自乘火车前往。同来进修的人把我送到火车站，我开始人生中第一次
乘坐连一个蒙古人都没有的火车。火车一开动，我独自在车厢角落里
啜泣，不由自主地流着眼泪，因为那是我第一次踏入异乡，而且还要
去一座一个蒙古人都没有的城市。从火车站到学校只需花10元钱的
路费，我却花了30元，但能平安到校我就已经很开心了。留学生都
被安排住在山东师范大学的招待所里，在那里学习汉语。可以说，学
校为我们留学生提供了一个非常好的学习环境。

　　忘不了五个月没说过蒙语的感受，忘不了寒假去北京途中再次听到蒙语时那种奇怪的感觉。在火车站听到几个人用一种熟悉的语言交谈着，我突然觉得："这是在说蒙古语吗？"如今回想起来，在济南的全汉语环境下学习汉语给了我非常大的帮助。1998 年，在徐有福老师指导下，我去南京大学做了半年访问学者，使我有机会感受中国不同城市的生活，接触了学习中国文学并掌握汉语研究的方法。借此机会，我想感谢中国政府设立的奖学金机制，它给我提供了一个如此可贵的学习机会。

后来我前往北京、南京的时候，先后与陈荣德、徐寿芬、徐有福三位老师时隔十几、二十几年之后重逢，也勾起我很多美好的回忆。

1997 年，中国文化部长刘忠德首次访问蒙古国，我担任蒙方译员。中方译员叫张维国，我在国立大学学习汉语时，他从北京大学来我们学校学习蒙古语。刘忠德部长与蒙古国总理 M·恩赫赛汗会见期间，总理谈到蒙古人知道很多中国名胜古迹。当刘忠德部长介绍北京故宫博物院时，我翻译成了"紫禁城"。正式会谈后，中方记者问我为什么把中国的故宫翻译成"紫禁城"。我记得当时我告诉他："这个原因很难解释，虽然可以翻成'皇帝的博物馆'，但是翻成'紫禁城'的话，蒙古人一听就知道是指坐落在北京城中心的那个'皇宫'，所以我这么翻译。"后来我在北京工作时，知道那个向我提问的记者是中国国际广播电台的蒙古语编辑达日玛巴扎尔（Дарамбазар）。从此，我们成为好友。

在大学执教时，中国政府帮助蒙古国立大学建立灵格风全日制汉语班。该班招收荣获中国政府奖学金的学生，讲授初级汉语。北京大学的吴新英老师、李老师及王老师一起讲授。吴老师后来曾担任中国驻蒙古大使馆文化参赞。她非常关心蒙古国立大学的汉语学生，在许多方面给予了支持和帮助。在北京举办的多次学术研讨会上，我有机会与北京大学亚非语言文学系蒙古语教研室的吴新英、王浩、姚克成、陈岗龙、袁琳、刘迪南老师见面，就专业方面问题进行交流。

　　老师们积极参与蒙古国立大学孔子学院的多边合作，我也经常参加山东大学、厦门大学等中国多所大学举办的学术研讨会。蒙古国立大学和山东大学定期轮流举办"语言文化论坛"，国立大学老师每年参加，作演讲、报告或进行座谈。

　　2001 年到 2009 年，我在北京工作和生活。这期间，蒙古国郭勒穆特银行在北京设立了代表处，于是我在金融系统又工作了几年。工作期间，我有幸结识许多优秀的中国人，并与他们开展合作。

　　据了解，蒙古国博迪集团和郭勒穆特银行领导层自 1998 年起就开始讨论在中国设立代表处这个问题。1999 年和 2001 年，先是研究设立代表处事宜，而后因注册工作需要，我被派到北京。开始时，公司用少量经费开展这项工作，以尽可能地服务在华经商者为宗旨。最

中国《金融时报》刊登的蒙古国郭勒穆特银行驻华代表处开业的有关新闻

6 保险新闻/公告　**金融时报 FINANCIAL NEWS**

2004 年 07 月 15 日　星期四　中国保监会指定披露保险信息报纸

中国银行业监督管理委员会
关于外资金融机构驻华代表处开业公告

经中国银行业监督管理委员会批准，蒙古国郭勒穆特银行有限公司在北京设立代表处，核准 Egshig Shagdarsuren（额格希格）女士任该代表处首席代表的任职资格。现予以公告：

蒙古国郭勒穆特银行有限公司
北京代表处
Golomt Bank Co.Ltd Bejijing
Representative Office

首席代表：额格希格
批准设立日期：2004 年 6 月 18 日
有效期：2004 年 6 月 18 日至
　　　　2007 年 6 月 17 日
地址：北京市朝阳区建国门外日坛路 6 号
　　　安琪商务中心 539 室
邮政编码：100020
电话：010-65033876

经中国银行业监督管理委员会批准，美国瑞丰银行有限公司在上海设立代表处，核准展翔先生任该代表处首席代表的任职资格，现予以公告：

美国瑞丰银行有限公司上海代表处
The Summit National Bank(U.S.A)Shanghai Representative Office

首席代表：展翔
批准设立日期：2004 年 6 月 30 日
有效期：2004 年 6 月 30 日至
　　　　2007 年 4 月 15 日
地址：上海市长宁区延安西路 1088 号
　　　长峰中心 715 室
邮政编码：200052
电话：021-52399871　13817837249
传真：021-52399872

2005 年，蒙古国商业银行的代表们在北京。前排右 2 为额格希格。

初，与在蒙古驻华使馆设置代表处的公司集团一样，我们的代表处也临时设在大使馆附近，负责协调我们银行与中方的相关工作，同时研究设立银行代表处的相关事务，研究中国相关法律规定——"境外金融机构要在中华人民共和国设立分支机构，开展相关工作的工作人员要取得永久居住权"这一法律条文。为此，我草拟了一份"蒙古银行在中华人民共和国设立代表处的相关研究及其意见"上报给郭勒穆特银行领导层。

2002 年末，郭勒穆特银行决定在遵守中国规章制度的基础上正式设立郭勒穆特银行北京代表处。除了需要完成代表处注册的相关文件外，依照中国法律规定，代表处办公地点要租用有明确档次的办公用房。与注册工作相比，在符合公司预算下租用办公用房和住房、与会计公司签订合同则更加繁杂。我们从大量的符合条件且符合公司财务标准的办公用房中挑选了许多符合条件的，又找了许多家会计公司，最终签约。

就在我们按照中国央行出台的《外国金融机构驻华代表机构管理办法》进行注册时，中国国务院决定成立一个新机构——中国银行业监督管理委员会，统一监督管理银行等金融机构。代表处的注册工作，不是由央行而是由银监会来管理了，要按照新方案进行注册。银监会成立之后不久，颁发了新准则，根据新准则，原来的某个文件需要变更，重新递送材料。此时，被称为 SARS 的严重急性呼吸道综合征病毒正在中国蔓延。中国政府机构仍在上班，但北京的街道空空如也，偶尔可见行驶的公共汽车。我请在蒙古使馆工作的 R·那尔满达赫哥哥开车带我去送文件。依稀记得，北京主干道长安街大白天出现前所未有的空旷，我们沿着寂静的长安街经天安门广场到央行大楼西北的中国银监会递交文件。

我们提交代表处注册文件是在 2003 年夏秋之交，可到了 2004 年4、5 月份，始终没有得到回复。也许是政府机构效率不高，也许当时中国金融体系正面临巨大改革，工作任务繁重，反正我们等了大半年才得到答复。在此期间，代表处虽无营业许可，但还是开展了许多工作，如博迪集团和郭勒穆特银行从中国订购货物、咨询、调研等。这期间，我们开始与中国农业银行内蒙古自治区分行会谈和磋商通过郭勒穆特银行在蒙古开通农行"金穗卡"、通过农行二连浩特分行加强蒙中银行间人民币供应等项目。

2004 年 6 月，郭勒穆特银行北京代表处终于注册成功，为我们在法律框架下开展活动提供了条件。这是蒙古国商业银行在中国设立的第一个正式代表处。

跨越 60 年的友谊

杨　涛（人民日报驻蒙古国记者）

　　中国政府倡议的"一带一路"和蒙古国政府倡议的"发展之路"计划对接，使中蒙两国的友好关系更加紧密。回想起 60 多年前，13 名蒙古运动员骑着自行车从乌兰巴托出发，一路向南，目标北京。他们沿着古丝绸之路，顶着狂沙和暴风雪，来回行程 3000 公里，历时 15 天，开创了中蒙体育界交流的先河。这段历史，是蒙古体育界的老前辈、优秀自行车运动员，已经 87 岁高龄的达尔嘉老先生一生中最难忘的经历。他不仅见证了当年蒙中两国人民的友好情谊，更希望在有生之年能够将这段历史记录和传承下去，使之成为今后蒙中人民友谊发展的桥梁。

蒙古自行车运动员抵达内蒙古锡林郭勒盟，受到当地群众的热烈欢迎。

运动员在乌兰巴托苏赫巴托广场整装待发。

自行车轮丈量距离：乌兰巴托—北京

1949 年 10 月 6 日，在中华人民共和国刚刚成立 5 天后，蒙古人民共和国向新中国领导人祝贺并表示愿意与中国发展睦邻友好关系。当时的蒙古人民共和国部长会议体育运动委员会通过外交渠道向中华人民共和国体育运动委员会建议，蒙中两国建立体育运动合作关系。中方热情地接受了蒙方的建议，并回复说"中方永远准备发展与蒙方的体育运动合作关系"。

于是，中蒙双方就如何开展体育交流与合作多次以外交公函的形式交换意见。蒙古当时提议，由不同体育项目的运动员组成的自行车车队从乌兰巴托出发，一路向南到北京，亲身了解中国人民的生活和社会主义建设情况，并参加五一国际劳动节游行。中方当即回复表示

运动员从苏赫巴托广场启程，蒙古党政领导及
驻外使节到场欢送。

赞成并支持此建议。

随后，蒙古人民共和国部长会议体育运动委员会开始制定相关计
划，在蒙古全国范围内筛选人员。能够到中国亲眼看看中国的发展和
建设情况，是多么令人激动和高兴的事情啊！当时，报名非常踊跃。
体育运动委员会收到了来自城市、牧区、各部委和机关团体及个人的
书面申请，报名者职业各异，有军人、老师、医生、演员、运输工、
大学生、牧民等来自30多家单位和机构的158人，这些人的申请都
统一交到委员会的塔尔瓦医生那里。体育运动委员会的官员和专家从
符合身体健康、有滑雪和自行车运动经验、打破国家运动项目纪录者、
自行车运动冠军及爱好者、组织纪律性强、懂汉语和俄语等6个条件
的人员中，选出13人作为运动员代表赴华。

1954年4月10日，蒙古人民革命党中央委员会第一书记丹巴签

蒙古自行车运动员骑行在南下的路上。

署了"乌兰巴托—北京、北京—乌兰巴托自行车运动员成员任命书"，并责成蒙古人民共和国部长会议体育运动委员会副主席策德夫·丹毕为领队。

达尔嘉1929年5月4日生于中央省龙县，当时在部队负责维修武器部件，中尉军衔。因为爱好滑雪，取得了不错的成绩，他在军队中也小有名气。就是因为这一爱好，幸运的达尔嘉在1953年至1957年被选送到莫斯科中央体育学院进修。当时，与他同住一间宿舍的是个中国人，据达尔嘉回忆说，这名中国留学生学的是滑冰专业，后来回国后非常有名。遗憾的是，他的名字实在是想不起来了（可能是孙显墀），留存在记忆中的，就是两个人在寒冷的夜晚喝着伏特加烈酒、啃着烤土豆的难忘情景。因为达尔嘉完全符合上述招收条件，尽管还处于在校学习中，但还是被选上了。被选中的运动员随即开始集训，除了练习自行车技术外，还要进行排球、体操、跑步、乒乓球、举重等体能和柔软度训练。

南下途中，运动员早晨洗漱、拆帐篷。

　　其实，在这 13 名运动员中，只有 3 人是真正的自行车专业运动员，其他人都是身兼多个运动项目。体育运动委员会副主席兼领队策德夫·丹毕是滑雪运动员，其余 12 人分别是：蒙古自行车运动纪录保持者恰格纳，蒙古自行车、滑雪、体操、长跑纪录保持者塔尔瓦，举重冠军、全国纪录保持者贡嘎，排球一级运动员纳木斯莱扎布，全国摔跤冠军、飞行员罗布桑，一级排球运动员林钦，长距离滑雪运动员、著名排球一级运动员乔依翁，自行车、滑雪冠军达尔嘉，著名排球运动员布德，足球运动冠军、排球运动员巴特奥其尔，蒙古人民革命党中央委员会政治干事罗布桑宏德布。这些人都是来自不同的体育协会。

　　大家在艰苦的训练和辛勤的汗水中度过每一天，当蒙古人民共和国部长会议体育运动委员会主席达里苏伦和副主席策德夫·丹毕率领运动员接受上级领导检阅训练成果的时候，达尔嘉等人这才震惊地发现，蒙古人民革命党中央委员会书记杜格尔苏伦和各部委的部长几乎都到齐了。

蒙古运动员在中蒙边界合影留念。

蒙古人民共和国部长会议体育运动委员会主席达里苏伦作动员讲话。他激动地说：你们是代表蒙古祖国骑自行车到伟大的中国，这是非常具有历史意义的大事，这次行程有益于蒙中两国友谊与合作，代表着蒙古人的脸面和荣誉，要拿出毅力和勇气，保持纪律！大家被他的激昂讲话鼓舞着，使劲地拍着手，都不知道拍了多长时间。

1954 年 4 月 15 日中午 12 点，在蒙古人民共和国首都乌兰巴托市苏赫巴托广场举行了欢送自行车运动员车队的劳动者集会，为运动员壮行。参加此次集会的有蒙古人民共和国党政领导人、中国驻蒙古使馆外交官、在蒙外国使团代表，媒体等各界代表也参加了活动。

在大家的热烈欢送声和军乐队的音乐声中，13 名运动员意气风发地出发了。此外，还有苏制嘎斯 53 型卡车作为保障车随行，车上放着防寒衣物、帐篷、食品、备用自行车和车胎。出发前，蒙古政府已经做好了各种物质准备，每名运动员每天的伙食标准是 11 图格里克 30蒙戈，包括茶、盐、面包、肉、米饭、黄油、奶、糖、巧克力和蔬菜，

在中国，蒙古运动员经过每一个城市和乡村，都受到当地群众和自行车爱好者的热烈欢迎。

都是定量的。

　　60年前，乌兰巴托到北京并没有真正意义上的道路，都是草原路，那些路都是当年商人、百姓的骆驼和牛车踩踏、辗轧出来的路，也就是大家所说的"古丝绸之路"。运动员就是要沿着这条古丝绸之路一直骑下去。出发那天，乌兰巴托的天气很冷，雪花夹带着沙尘，路面上的雪并没有融化。按照行进计划，运动员每天大约骑50至70公里，基本上都是早上出发，晚上在避风的地方扎营休息，就地将自行车两个两个地别在一起后，简单地吃些干粮，就累得很快睡着了。遇到白天刮沙尘暴或者暴风雪天气时，大家只能暂时休息，等晚上天气好了再继续赶路。沙尘暴刮起来的时候，看不清道路，沙粒打得脸非常疼，大风吹得人喘不过气来。遇到暴风雪的时候，不仅自行车都被大雪淹没了，帐篷也被大雪压得塌下来。若是大雪已经没到了膝盖，

蒙古运动员南下途中经过张家口时的合影

实在无法骑自行车了，大家就把自行车扛在肩上继续步行。就是在这种恶劣的条件下，运动员们也没有低头，克服各种困难，于21日艰难到达中蒙边界线上。拖着疲惫身躯的蒙古运动员来到内蒙古自治区锡林郭勒地区，受到了中国中央人民政府体育运动委员会和内务部负责同志及媒体记者的欢迎。此外，还有不少的中国军人和医生，为蒙古运动员检查身体，补充食品和饮用水。

一过张家口，气温明显发生了变化。这里的天气与蒙古相比，差了将近一个季节。随着道路和天气转好，运动员们前进的进度也开始加快了。离北京越近，速度就越快。在距离北京城区20公里的地方，北京市体育运动委员会主任亲自来迎接。其实，在中国境内，每到达一个城市，在距离城区还有10公里的地方，当地都会有许多的自行车爱好者骑着自行车来迎接，他们在道路两侧的树木之间拉起横幅，上面用中蒙两种文字写着"祝贺蒙古自行车运动员""中蒙友谊万岁"。一进入城区，手举着中蒙两国国旗的少先队员们高喊着"欢迎，欢迎"的口号迎接蒙古运动员的到来，这让队员们深切地感受到了中国人民的热情和蒙中两国人民牢固的友谊。

北京市政府为蒙古运动员举行盛大的欢迎仪式。

　　4月29日，胸前佩戴着用中蒙文书写的"乌兰巴托—北京"红色布标、经过风吹日晒变成棕色脸庞的蒙古运动员进入北京城，与前往迎接的中国自行车运动员一起并肩骑车走在街道上。经过正阳门时，受到了北京市民的热烈欢迎，人们高喊"蒙古，蒙古"。听到这些激动的声音，蒙古运动员们的心情久久不能平静。中国运动员手持彩旗夹道欢迎，引导蒙古运动员进入欢迎仪式现场。当主持人宣布欢迎仪式

蒙古运动员骑车进入德胜门。

正式开始时，现场升起中蒙两国国旗并奏响国歌。

仪式上，中央体委副主任蔡廷锴、北京市副市长，以及外交部和文化部相关部门的领导也到场欢迎。

在天安门广场参加五一劳动节大游行

经过一天的休整，按照计划，蒙古运动员作为特别嘉宾和国际友人，参加在天安门广场举行的五一劳动节大游行。5月1日早9点40分，运动员骑着自行车，在专门的警卫护送下，从下榻的和平饭店来到了天安门广场，接受毛泽东主席等人的检阅。当时广场上人山人海，60万名劳动者已经列队站好了。

以毛泽东主席为首的中国党政领导人来到天安门城楼，向在场群众挥手致意。欢快的音乐声响起，群众大游行开始了。游行队伍中有工农界、文艺界人士和大中学生，以及手中拿着其他社会主义国家国旗、领导人画像、工业和文化作品的人们，他们高喊口号走过天安门广场。

蒙古运动员参加在北京天安门广场举行的五一大游行。

蒙古自行车队经过北京正阳门。

　　蒙古自行车运动员骑车走在中国运动员的前面，在他们的自行车队前行走的是 4 名中国各体育项目的冠军运动员，他们手持横幅，上面写着"热烈欢迎蒙古人民共和国自行车远足队"。在天安门的观礼台上，"中蒙伟大友谊万岁"的横幅出现了，挥舞着向蒙古运动员致意。队员们向右前方观望，看到毛主席身穿深绿色服装，向他们挥手致意。领队策德夫·丹毕将蒙古国旗放在自行车的三角架上，向主席台挥手，其他运动员一边骑车，一边手持鲜花向毛主席和中国党政领导人致敬。他们很清楚地听到毛主席说的话，但因为不懂汉语，无法理解，但好像听到了毛主席激动地说"蒙古，蒙古"这句话，能感受到毛主席对蒙古和蒙古自行车运动员的友好态度。无论怎样，中国伟大的领袖毛主席向蒙古人民、向蒙古自行车运动员致意的深情厚谊，他们内心是非常清楚并为之激动的，就像是长江水一样，跌宕起伏，不能平静。

　　参加完大游行，蒙古运动员一行坐在了天安门观礼台南侧，继续观看各种方队接受毛主席的检阅。他们亲眼看到了中国人民建设社会

蒙古运动员畅游颐和园。

主义的热情和信心，也见证了蒙中两国人民友谊的牢不可破。

　　在随后的三天里，队员们参观了北京体育大学以及故宫、天坛、颐和园等历史遗迹，了解了中国历史文化的辉煌灿烂。从 5 月 5 日起，他们离开北京，前往天津、上海、杭州等地参观游览，走了 10 多天，中国美丽的土地和各地的风土人情，给他们留下了深刻的印象，令他们至今难以忘怀。

不舍踏上返程路

　　5 月 18 日，北京的风很大，正午 13 时，在劳动人民文化宫广场前，中方为蒙古运动员举行了盛大的欢送仪式。中华全国体育总会副主席韦悫、中央体委副秘书长黄中，外交部、文化部工作人员以及北京大学生、运动员代表等几百人参加了欢送仪式。蒙古驻华大使沙格

5月18日，在劳动人民文化宫广场前，中方为蒙古运动员举行了盛大的欢送仪式。

德尔苏伦及使馆工作人员也到了现场。

韦慜对蒙古运动员顺利地完成自行车中国之旅表示敬佩，称赞这对中蒙两国体育运动交流合作具有重要的历史意义。在随后的发言中，蒙古人民共和国部长会议体育运动委员会副主席策德夫·丹毕表示：我们亲眼看到了中国人民的勤劳、勇敢的美德和社会主义大建设，佩服中国人民。我们回国后，将实事求是地向蒙古人民介绍中国人民的新生活和新成就。我希望，此次蒙古自行车运动员历史性的旅行对发展蒙中两国人民和运动员之间的合作关系，对两国人民相互理解、了解彼此的生活和工作经验，为两国运动员扬威作出应有的贡献。

双方领导讲话后，自行车车队就出发了。有许多中国自行车运动员骑车跟随他们，一直送到八达岭长城。送君千里，终有一别。5月20日，队员们骑车来到中蒙边境并驻扎下来休息。蒙古人民革命党中央委员会政治干事罗布桑宏德布随即走向蒙古边防哨卡，向蒙古国内汇报一切顺利。

21日早上，中方在边境为蒙古运动员举行了欢送仪式。双方经过半个多月时间的相处，建立了深厚的友谊，难舍难分。大草原的运动员就要回国了，翻译同声传译了"再见，中国朋友！"中方人员都说"再见，再见！"那时候，蒙古运动员们也都学会了说"再见"这个词。

受到习近平副主席亲切接见

历时15天、行程近3000公里的乌兰巴托—北京—乌兰巴托自行车之旅，给达尔嘉留下了一生不可磨灭的记忆，这是蒙中体育界交流的盛事和大事。回国后，他一直从事自行车运动的教学工作，妻子道力格尔苏伦是自行车运动员，他们的两个孩子也是。他的学生也在蒙古自行车运动协会主持工作。现在，他仍担任蒙古老年体育协会的主席。可以说，他的一生都贡献给了自行车运动。

2008年6月，习近平副主席访问蒙古国期间，参加了中国政府援助蒙古的新建体育馆开馆剪彩活动。达尔嘉作为蒙古体育界的前辈，受邀参加了活动。正当大家在随意交谈的时候，中国驻蒙古大使馆工作人员向他招手，说是习近平副主席要接见他。达尔嘉惊喜的同时，心中也十分感动，因为作为蒙中两国体育交流合作的亲历者和促进者，与中国当代领导人见面交谈，这份荣誉是弥足珍贵的。他激动地对习近平副主席说：我是对蒙中两国体育交流作出历史性重要贡献的自行车运动员之一。现在，这些运动员中只有3个仍然健在，对于老一辈的运动员来说，我们十分珍惜那一段的历史。请尊敬的习副主席回顾下两国体育界交流合作的意义，希望今后蒙中两国能多组织这样的纪念活动。

习近平副主席握着达尔嘉的手亲切地说：中蒙两国间没有不能解决的问题，我全面支持你提出的加强两国体育运动合作的建议。请您清楚地写出相关建议和要求，向中国有关部门提出来。说完，习近平副主席还拥抱了达尔嘉。这时，在场的媒体朋友按下了快门，留下了这珍贵的一幕。

因为身体不好，达尔嘉还没有来得及写下这些具体建议。2008年至今已经过去8年，目前健在的队员只有2个人了，他希望能用自己的有生之年，为蒙中两国友谊作出具体的贡献。他希望能够邀请到蒙中两国老一辈运动员在乌兰巴托相见，对他们为两国友好合作关系作出的贡献进行表彰，并在两国境内拍摄影视资料制作成纪录片。

"中国朋友，万岁！""中国朋友，干杯！"这些汉语达尔嘉至今还能说出来。没有昨天就没有今天，不知道历史的人就像在黑暗中绊倒的人一样。历史是最好的老师和指南。他相信，在蒙中两国友好关系发展史上，也将清楚地写下这些普通人的名字！

人物篇

记挚友莫·其米德策耶先生

姚克成（北京大学蒙古学研究中心退休教师）

古语说："君子之交淡如水，小人之交甘若醴。"由此可见，朋友之间情谊的深浅不在于他们联系多少和是否经常见面，而在于他们能否心心相印和互相帮助。我和莫尼热勒·其米德策耶先生（Мэнэрэлийн Чимэдцэеэ，以下简称"其先生"）相识快满30年了。我们见面不多、思念不少，虽然不敢自称君子，但是确属这样心心相印和互相帮助的挚友。

2015年春天，其先生托人给我带来了一本他于2014年出版的译著《ХАЛУУН ТОГОО》（火锅子）。这个书名的下方还有一排小字是"ХЯТАДЫН ОРЧИН ҮЕИЙН ЭМЭГТЭЙ ЗОХИЛЛЧДЫН ШИЛДЭГ ӨГҮҮЛЭГИЙН ДЭЭЖИС"（中国现当代女作家优秀短篇小说精选）。我不知道这本书是不是其先生的最新译著，但是知道肯定是他辛苦劳动的结果。

《ХАЛУУН ТОГОО》（火锅子）一书中有一篇其先生的代序"Өгүүллэг бол хүний амьдралын гинжин хэлхээс"（短篇小说是人们生活的锁链）、中国作家协会主席铁凝写的一篇序言"蒙语《中国现当代女作家优秀短篇小说选》序"和三位中国著名女作家的五篇短篇小说。这三位女作家分别是铁凝、张洁和冰心，她们代表了三个不同的时代。

拿到其先生的这本译著以后，我先是一口气看完了他的代序，接着又看了铁凝的中文序言和全部译文的蒙文目录。三位中国女作家五篇短篇小说的蒙文译文我还没有细看，因为打算找到她们的中文原文

2015年8月25日，中国国务院副总理刘延东在北京人民大会堂会见获得第九届中华图书特殊贡献奖及青年成就奖的20位外国专家并颁奖。右8为莫·其米德策耶。（摄影：韩东）

以后对照着阅读。

仅是通过其先生的代序和铁凝的序言，我就看到了文学翻译的意义和其先生的功劳。因为铁凝女士在其序言中写道："曾经有人说过，如果你想了解一个民族，最好的办法就是了解它的文学。"

其先生把铁凝、张洁和冰心的短篇小说翻译成蒙文介绍给蒙古读者，对于他们了解中国人民特别是中国女性，无疑会有很大的帮助。其先生为增进中蒙两国人民的相互了解和友谊，再次做了一件很有意义的工作。手捧其先生的新书，我也不由地想起了和他交往30年的历史。

我和其先生相识于1986年的秋天。那时，中蒙两国在经历了一场漫长的"冷战"以后刚刚恢复互派留学生。其先生是中蒙两国恢复互派留学生以后第一批来华的两名进修生之一，另一名是蒙古国立大学的年轻教员扎·巴雅萨赫（Жамсрангийн Баясах）先生。有一天，他俩一起来北京大学游玩，与我们东语系蒙古语教研室的老师们在外文楼相识了。我和其先生相识以后的往来并不多，因为我们各忙各的工作，而且还不熟悉。

时间很快过了三年，1989 年 8 月，我很荣幸地被国家公派到蒙古国立大学蒙文系进修。我在蒙文系进修的同时，还在巴雅萨赫先生任教的外语系汉语教研室当了一个学期的兼课汉语教师。

其先生得知我在蒙古国立大学外语系兼课的消息后特意来看我。他不仅热情地邀请我到他家做客，还向他任职的国家广播电台的有关领导介绍了我，后来又聘请我到他当组长的华语日语组当编辑。于是，我就开始每周两次、每次半天地到他们编辑室看稿子、改稿子。为期四五个月的合作，不仅使我的蒙古语文水平大有提高，还使我们在合作中建立了深厚的友谊。

1990 年 7 月中旬，我结束了在蒙古国立大学的进修，准备回国了。离开乌兰巴托以前，我特意去了一趟蒙古国家广播电台，和华语日语组的蒙古同仁们照了一张合影，留下了令人难忘的美好回忆。

1991 年 3 月到 1993 年 3 月，我有幸被文化部借调派到中国驻蒙古大使馆文化处工作了两年。在此期间，我在文化处担任二等秘书，工作上和其先生联系不少，其他方面和其先生联系不多，只是在大使馆举办的国庆招待会和春节招待会上能和其先生见一面，简单聊几句，因为其先生还是蒙中友协的秘书、中蒙友好活动的常客。

虽然这段时间内我们单独见面的次数不多，但是都很理解和关心对方，都在各自的岗位上为宣传各自的祖国和加深中蒙两国人民的友谊默默地工作。1993 年 3 月我从蒙古离任回国以后，和其先生的联系又少了，因为通信不太方便。后来有了互联网，我们又恢复了联系，经常通过电子邮件互相关心和帮助。

一直到了 2006 年 2 月，我以普通访问学者的名义再次到蒙古国立大学访学和深造。在为期半年的访学期间，我曾多次见到过其先生，当时他已经调到蒙古通讯社的《蒙古消息报》（中文版）当主编了。我看到其先生比以前瘦了不少，很心疼，关心地问他为啥瘦了。他说，正在攻读博士学位，为了准备博士论文，经常连夜工作，身体透支不少。再往后，我以旁听者的身份参加了其先生的博士论文预答辩和正式答辩，亲眼目睹了其先生论文答辩的全过程，不仅佩服他的论文质量，更佩服他的勤奋和认真。

从 2 月 28 日到 8 月 25 日，我在蒙古国访学了 179 天，一天没落地写下了 179 篇留学日记，比较详细地记录了自己在蒙古国的访学体会以及对蒙古国文化与社会的观察结果。其中有 4 篇日记（《为歌曲而建的石碑——记著名民俗学者、诗人和他的一首诗"我挚爱的祖国"》《大学者没架子——拜见沙·毕拉教授》《祭敖包，帮穷人——蒙古人的习俗与美德》和《亲切友好的接见》）陆续发表在其先生担任主编的《蒙古消息报》上。

在此期间，经过其先生推荐，蒙古国家通讯社（简称"蒙通社"，蒙文写作"МОНЦАМЭ"）记者 М·那仁扎雅（M.Наранзаяа）女士曾经专门采访过我，过后写了一篇题为"Явсан газар бүртээ монголыг сурталчилдаг"（每到一地都在宣传蒙古）的专访报道，刊登在 2006 年 5 月 12 日的《МОНЦАМЭ МЭДЭЭ》（蒙通社新闻）第四版上，向蒙古国的读者们介绍了我关心蒙古国发展和中蒙友谊的一些事。

2006 年 8 月 25 日我从蒙古回国以后，向内蒙古日报社主办的《北方新报》投稿发去了自己的蒙古国留学日记。该报专门开辟了题为"2006 蒙古国留学日记"的专栏，从 2006 年 12 月 8 日到 2007 年 1 月 17 日，连载了我的 44 篇日记（近 6 万字），不仅给了我一个客观介绍蒙古国的机会，也对帮助我国读者了解蒙古国和蒙古人民发挥了比较积极的作用。

2009 年 9 月 24 日，姚克成与莫·其米德策耶在
蒙古国立大学二号楼门前留影。

　　我和其先生相识的 30 年里，还有一个接触较多的时段，那就是从
2009 年 9 月到 2010 年 6 月。受蒙古国教育文化科学部的邀请和我国
国家汉办的派遣，我和另外两名管理教师一起，带领 100 多名汉语教
师志愿者到蒙古国的大中小学教汉语。此时，其先生调到蒙古国立大
学孔子学院任蒙方院长已经两年多了。

　　在此期间，我与蒙古国立大学的蒙古语言文化学院和孔子学院的
联系都挺多，因为孔子学院有我们的汉语教师志愿者在任教，蒙古语
言文化学院和我们一起联合举办了蒙古语培训班，我们请该学院的老
师给我们的汉语教师志愿者教授蒙古语。所以，我经常去蒙古国立大
学孔子学院和蒙古语言文化学院办事。每次去那里，都会挤出时间看
看其先生。在那里，我看到其先生工作勤奋，待人谦虚谨慎，得到了

2010 年 2 月 26 日，姚克成在蒙古国著名记者、作家和翻译家高陶布·阿吉木（左 1）家做客。左 2 是蒙古国立大学已故教授、著名汉学家策德布道尔吉·巴扎尔拉格查先生，左 4 是莫·其米德策耶先生。

孔子学院同事的广泛敬佩和好评。

在其先生送给我的这本《ХАЛУУН ТОГОО》（火锅子）译著的扉页，有一段关于其先生的简单介绍。通过这个简介，读者可以了解到其先生从事汉学研究和翻译工作的主要成就。其实，这只是其先生所获成就的一部分，远不是全部。因为这篇短短 150 多个蒙古语词的介绍 "УРИАНХАН МЭНЭРЭЛИЙН ЧИМЭДЦЭЭ"（乌梁罕·莫尼热勒·其米德策耶）不可能涵盖其先生全部的成果和荣誉。

其先生在完成自己的本职工作的同时，还长期担任蒙中友好协会的执行秘书，所以多次访华，多次参加关于汉学研究、蒙中翻译和汉语教学的学术研讨会，不仅翻译过儒家的《论语》《大学》《中庸》和孙武的《孙子兵法》等中国古代思想家的著名作品，还主编过《简明常用汉字字典》（乌兰巴托，2009 年），参加过《精选汉蒙词典》（商务出版社 2015 年 2 月第 1 版）的编写，默默地为加深中蒙两国人民的相互了解、互信和友谊做了大量的工作。

我和其先生最近的一次见面时间是 2015 年 8 月 25 日，他来参加第九届中华图书特殊贡献奖颁奖仪式并领奖。其先生是获得中华图书特殊贡献奖的 15 名外国学者之一。对此，新华网 2015 年 8 月 25 日曾经刊登过题为"第九届中华图书特殊贡献奖获奖名单在京揭晓"的报道。那天晚上，外文出版社的周晓刚编辑、蒙古语言研究与教学的老前辈侯万庄教授和我一起到北京国际饭店看望了其先生，因为我们需要就《习近平谈治国理政》一书的蒙文译稿审校工作同其先生当面沟通和协商。其先生是《习近平谈治国理政》一书的蒙方主要译者和负责人。

谚语是语言之花，能够精确反映一个民族的文化特点和价值观。有一句中国谚语说：路遥知马力，日久见人心。蒙古也有一句谚语说：**Хүний сайн хүчир цагт танигдана. Хүлгийн сайн алсын замд танигдана**（困境见人心，路遥知马力）。二者虽然表达方式不同，但是其含义却完全一样。30 年的交往历史，不仅使我和其先生彼此间逐渐有了较多的了解，也使我们在长期的交往和互助中建立了深厚的友谊。其先生工作勤奋、成果丰硕却又做人低调，不仅是我的挚友，也是我的老师。

三载燕园，贡献卓越

——Sh·罗布桑旺丹与北大蒙古语专业

王　浩（北京大学蒙古学研究中心主任）

王浩教授近照

　　Sh·罗布桑旺丹（Sh. Luvsanvandan，1910—1983），蒙古国科学院院士、国家奖获得者、功勋教师、现代蒙古语奠基人，1910 年生于今蒙古国巴彦洪格尔省额勒吉特县。罗布桑旺丹先生毕生致力于蒙古语研究，借鉴西方语言学理论，将西方的语言学理论、方法和原则与蒙古语的具体实际结合起来，不懈探索，逐步建构出一套系统的、科学的现代蒙古语语法体系，奠定了现代蒙古语教学与研究的基础。时至今日，无论是国内外现代蒙古语教学，还是现代蒙古语研究，依然沿用着罗布桑旺丹建构的语法体系。罗布桑旺丹建构的现代蒙古语语法体系，已经成为学术史上一座不朽的丰碑。1957 年 9 月至 1960 年 6 月，罗布桑旺丹先生应邀到北京大学东语系任教。执教期间，他在北大蒙古语专业的语言教学、师资培养及学术发展等方面发挥了重要的作用，为北大蒙古语专业的建设和发展作出了特殊贡献。

从草原到燕园：加盟蒙古语专业

　　1957 年 9 月，罗布桑旺丹先生受蒙古人民共和国教育部委派，来到北京大学东语系任教。对于这样一位德隆望重的学者型外籍专家，北大方面组织的欢迎仪式自然是隆重而热烈。时任东语系系主任的季羡林先生在临湖轩为罗布桑旺丹先生颁发了聘书，聘请罗布桑旺丹先生为北京大学东语系蒙古语教研室主任，全面主持蒙古语专业的教学与科研工作，聘期为三年。

1946年，季羡林先生最初筹建的东方语文系共设置了四个专业，蒙古语专业即为其中之一。1949年以前，东方语文系尚无专门教授蒙古语的教师，原由教授藏文的于道泉先生兼授蒙古语。建国前夕的1949年9月，北京大学蒙古语专业迎来了第一批本科生，自此北京大学蒙古语专业正式成立。1941年，蒙古人民共和国将在西里尔文字的基础上创立的西里尔蒙古文字作为蒙古官方文字，并一直沿用至今。1952年初，根据中蒙两国《经济及文化合作协定》，蒙古人民共和国开始派遣教师到北京大学讲授蒙古语喀尔喀方言和西里尔蒙古文字。从此，北京大学蒙古语专业形成了以主要讲授蒙古国通用的蒙古语喀尔喀方言和西里尔蒙古文字为特色的教学模式，在学科划分上，被划归外国语言文学。60多年来，北京大学蒙古语专业先后培养出200余名毕业生，他们曾经和正在活跃于中蒙两国的外交、经贸、文化、教育等各个领域。1974年，周恩来总理接见蒙古语专业黄宗鉴先

罗布桑旺丹先生（右2）与北大蒙古语专业师生在一起。

生时，对于北京大学蒙古语专业的教学定位给予肯定。

北京大学蒙古语专业的建设与发展，凝聚着蒙古国诸多专家的心血。自 1952 年以来，蒙古国曾先后派遣十余位专家到北京大学任教，其中罗布桑旺丹先生是在北京大学工作时间最长的一位。现代蒙古语研究的奠基者罗布桑旺丹先生的到来，对于北大蒙古语专业的建设和发展具有特殊的意义。

从教学到科研：奉献蒙古语专业

蒙古语教研室的老先生们每每回忆起罗布桑旺丹先生，总是离不开"善谈、嗜书、嗜烟"这三个关键词。"只要罗先生在，外文楼 222 室就会持续着两个'不断'，"刚刚做过了米寿的黄宗鉴先生如是说。一个"不断"意为吸烟不断。罗先生的烟瘾给当时的师生们留下了深刻的印象。罗先生有边思考问题边吸烟的习惯，平均每天要吸六七十根香烟。他吸烟很特别，往往深深吸上一口，却不是吞咽下去，而是将烟雾直接吐到空中。也许，这个习惯成就了他的长寿（对蒙古人寿命而言）。另一个"不断"是指话语不断。罗先生当时住在友谊宾馆，老师们去罗先生的寓所并不是那么方便。罗先生每周来学校上课，下午必定到教研室与道宝忱、楚勒特木等老师座谈，谈话涉及的范围不外乎蒙古语教学与蒙古学研究。作为现代蒙古语教学语法的奠基人，有着 30 多年教学经验的罗先生，那时就已经开始跟其他老师们探讨如何教授外国人学习蒙古语的方法问题。从这个意义上来讲，罗先生无疑是蒙古国对外蒙古语教学的鼻祖。罗先生嗜书，每每从国外参加学术会议归来，必定带回书籍、资料与各位老师分享。在图书资料匮乏的年代，这些书籍与资料无疑是十分珍贵的。

作为一名国际蒙古学界的知名学者，罗先生从国际蒙古学研究与发展的角度来思量北京大学蒙古语专业的发展走向，提出了前瞻性的建议。他告诫年轻的教师们，作为一名高等院校的教师，不能仅局限于教书授课，还要从事一定的学术研究，教学与科研相辅相成，相互促进。考虑到每位教师的知识结构特点，罗先生亲自为他们设计适合他们的学术方向，期望青年教师能够尽快展开学术研究。他对年轻的蒙古语教研室寄予厚望，常说的话是："中国的蒙古语学者总要在你们之中产生。"为了教师们能够有充裕的时间提高业务水平、从事学术研究，罗先生主动承担了低年级的基础蒙古语课程。与此同时，还定期举办学术讲座，受益者远不止教研室师生，还包括在京其他单位的蒙古学研究者。罗先生为北京大学蒙古语专业的学术研究提出了长期发展规划。他说，蒙古学是一门国际性的学问，北京大学作为世界性的学府，应该突出自身优势，形成有自己特色的蒙古学研究。就蒙古语研究而言，北京大学蒙古语专业应该充分发挥汉文文献的优势，进行蒙语—汉语比较研究。13 世纪以来，蒙古人与中原地区往来密切，有很多汉文文献记录了中古蒙古语的发音，比如《蒙古秘史》《至元译语》《华夷译语》《四夷广记》《登坛必究》《武备志》《蓟门防御考》《卢龙塞略》，等等。在罗先生的直接影响下，黄宗鉴先生将中世纪蒙古语研究作为自己的毕生研究方向。他从《华夷译语》出发，从汉语音韵学的角度，追溯这些汉字在汉语发展史的近古时期（元、明、清时期）的声、韵的概貌，以便能够比较确切地反映《华夷译语》创作时期有关汉字所表述的中古蒙古语语音状况；用拉丁字母转写有关的《译语》例词，并把它同现代蒙古语喀尔喀方言、前古典蒙古语以及古典蒙古语的相应词汇进行比较研究，试图了解蒙古语的演变轨迹。1959 年，在罗先生的推荐下，黄先生参加了在乌兰巴托召开的第一届世界蒙古学者大会并作了主题发言。黄先生的《华夷译语》研究受到国际蒙古学界的关注，也奠定了蒙古语专业历史比较语言学研究的基础。

值得一提的是，罗布桑旺丹先生在北京大学工作期间还撰写并完

北京大学东语系系主任季羡林（右）、副主任黄宗鉴（左）与罗布桑旺丹先生在临湖轩合影。

成了著名的《现代蒙古语》一书。该书的部分手稿至今还留存在蒙古语教研室。在教研室老师们的帮助下，他撰写的《关于现代蒙古语诸方言、方言的分类问题》《论蒙古语复合句》等重要论文先后发表在《北京大学学报》上（1959 年第 3 期、1961 年第 1 期）。罗布桑旺丹先生的纯研究性的学术论文在当时国内的学术氛围下颇显"另类"，也给北京大学社科学报带来一缕新意。

罗布桑旺丹先生当时主要给 55 级本科生授课。该班跟先生学习了三年，也是成就人才最多的班级。该班的侯万庄、史习成、倪申源均成为中国西里尔蒙古文教学的一代中坚力量。他们一生从事西里尔蒙古文的教学与研究，在罗先生建构的蒙古语语法框架下编写出国内第一批西里尔蒙古语教材，培养了几代西里尔蒙古语人才，奠定了中国西里尔蒙古文教学与研究的基础，为中蒙两国人民的友好交往作出了重要贡献。

季羡林先生（左）为罗布桑旺丹颁发聘书。

2010年，适逢罗布桑旺丹先生100周年诞辰。为了纪念这位在现代蒙古语教学与研究上作出杰出贡献的学者，国际蒙古学界先后举行了一系列纪念性的学术活动。当年6月26日，北京大学蒙古学研究中心举办了"纪念Sh·罗布桑旺丹百年诞辰暨国际学术研讨会"。与会者研讨先达的学术思想，追思大师的学术风范，共同纪念这位曾经在北京大学工作过的外籍专家，以昭过往，以启未来。

蒙古女孩的功夫姻缘

李　薇（中国驻蒙古国大使馆文化参赞兼乌兰巴托中国文化中心主任）

初见功夫女孩

提到蒙古国，我们的脑海不禁呈现出这样的一幅幅美丽的画面：蓝蓝的天空，一望无垠的草原，羊群、牛群、马群在草原上时而奔腾，时而嬉闹，时而恬静，时而席地而睡。惬意的画面让人向往，美妙的画面让人流连忘返。在这样的美景中，让我不禁想起了《射雕英雄传》的场景。金庸刻画的郭靖是不是当时也在这片草原上呢？是不是来过这片草原，无人而知，无从考证。但是，还真有一位痴情武术的蒙古女孩为武术在蒙古的传播贡献着自己的力量。

记得那是 2015 年 6 月的一天，我刚赴任乌兰巴托中国文化中心主任一职不久，我来到位于乌兰巴托成吉思汗广场旁边 Center Tower 的中国文化中心办公室，有位"功夫女孩"要拜访我，商谈武术在蒙古国的推广事宜。

来之前，我就知道她叫蒙小侠，名片上也是这样用汉字写的。10 点钟，她准时来到我的办公室。一见面，她显得有点拘谨。于是，为了使她放松一下紧张的情绪，缓解一下紧张的气氛，我就率先发问了："你的名字叫蒙小侠，是吧？你为什么起个这样的中国名字呢？"

"哦，是这样的，主任，我起这个名字是因为我喜欢李小龙、成龙、李连杰、释小龙他们，想和他们一样成为武林大侠，所以才给自己起名叫小侠。"小侠笑着说。

"你知道在中国人们都有姓，你有吗？这蒙是你的姓吗？"我接

2010 年 6 月 2 日,正在蒙古国访问的中国国务院总理温家宝与蒙古国副总理恩赫包勒德一起为乌兰巴托中国文化中心揭牌。(供图:中新社)

着问。

"对,蒙是我的姓。"她很坚定地说。

"为什么取了这样的姓呢?"我又问。

"我想成为蒙古国第一个像我上面说的功夫巨星那样的人,所以我姓了蒙。"小侠很骄傲很自信地说。

"有志气!希望你能梦想成真,成为蒙古国武术巨星。"其实我内心很欣赏这位姑娘。

这位来自蒙古国乌兰巴托苏赫巴托区的漂亮女孩身高 165 厘米,体重 60 公斤。一身时尚的打扮,她要是不说自己已经习练武术 14 年了,你还真看不出来。她在中国留学、拜师习武 8 年,学成后回到蒙古从事武术教学、武术推广事业,在乌兰巴托有自己的培训中心。

功夫电影点燃了"功夫梦"

蒙小侠 1985 年出生在蒙古国，父母都是政府工作人员，爷爷是一位蒙古国的将军，兄弟姐妹 6 个，她排行老小。在蒙古国来说，这样的家庭还是蛮不错的。蒙小侠又是家里的老小，哥哥姐姐都很照顾她。一个小女孩对武术为什么这样痴情呢？"是什么原因让你这么喜欢武术呢？"我很好奇地问。

"我记得我 8 岁那年，第一次认识功夫是什么样的，是通过李小龙的《精武门》《猛龙过江》等功夫电影。李小龙华丽的表演难度极大，令人眼花缭乱，特别是他那快速的出拳方式、简洁有效的技击术深深地吸引了我。"小侠跃跃欲试地比画着说。"我从小就特别喜欢动，整天跑上跑下，很多小男孩和我打架都不是对手。妈妈说我就是天生好动、好斗，遗传了爷爷的尚武基因。"小侠笑着补充道。

"我记得 9 岁时，乌兰巴托有了第一家跆拳道培训中心，我就求着妈妈去参加。我学了两年多，但是总感觉功夫的故乡应该在中国，我非常想去中国学习武术。在我们家里，爸爸最疼爱我，每次去北京出差，都会给我带回来功夫的 DVD。从小，中国的武术和武打电影我基本上都看过，有的甚至看过很多遍。"小侠讲起武术，越来越起劲。

"那你小时候为什么没去中国学习武术呢？"我问道。

"那时候，中国和蒙古国的关系并不像现在这么好，再说爸爸妈妈也不舍得我一个人去中国学习武术。但是，在我心里有一个声音一直对我说，我一定会去中国学习武术的。"小侠目光炯炯地看着我说。

小侠看了很多中国功夫电影，电影中武林大侠们漂亮的搏击动作和飞檐走壁的轻功让年幼的她痴迷不已。也许因为祖父的尚武热血在她的身体流淌着，让她对中国武术情有独钟。

她想成为像李小龙、成龙、李连杰那样的功夫高手。十几岁是多梦的季节，小侠的梦总是和中国武术编织在一起。父母一个不经意的许诺，成了她学习汉语、提升各科成绩的动力。父母说过，如果高中成绩能拿到全 A 毕业，就送她去中国学习武术。

2001 年 9 月，16 岁的蒙小侠终于来到中国学习武术了。

苦而幸福的功夫之旅

初到中国，痴迷武术的蒙小侠彻底明白了"轻功"的真实性——并不是如功夫电影所演的那样飞来飞去，只是习武之人身手比常人快速矫健而已。虽然有些小失落，但是博大精深的中国武术文化也着实让她目不暇接。

第一站，她毫不犹豫地选择去少林寺，当看到武僧们精彩的表演，让她震撼的不仅仅是各式各样的武术拳种，更有少林武僧练功常年踩踏的坑。看到武僧的训练，蒙小侠也着实为自己捏了一把汗，但是痴迷武术的她决定留在少林寺塔沟武术学校，从站桩、扎马步开始，扎扎实实地学习中华武术。她也成了塔沟武术学校年龄最大的外国女学生。习武之人都知道"练武不练功，到老一场空"，"拳不离手，曲不离口"。对于这些说法，起初蒙小侠不懂，在刚开始的习武阶段，枯燥的基本功练习，如站桩、蹲马步，也让她遇到了困难和挫折。每当有点泄气灰心时，她总能记起老师说过的一句话——"选择就得坚持，坚持了才能成功"。

"你认为在塔沟武术学校的那几年最苦的是什么？"

"就是每天的基本功训练，特别是站桩练习。你知道吗，如果你能在武校把站桩练好，天下就没有什么事情做不好的。平常人站不了几分钟就不行了，我现在能站将近 40 分钟了。"蒙小侠回答道。

"在学习中华武术过程中，最大的困难是什么呢？想过要放弃吗？"

"困难是有的，要说最大的困难就是语言的障碍。虽然我在蒙古时学了汉语，但是有些武术术语是需要文化底蕴的，因为我非常热爱武术，所以我没有想过要放弃。有时候动作不理解，做不好时心情会沮丧。"小侠说。

随着武术学习的进程，蒙小侠越来越觉得她必须提高汉语水平；随着汉语水平的不断提高、武术习练的日复一日，她逐渐感觉自己在武侠电影中看到的华丽的武打动作只不过是中华武术的外在形式，而中国武术本身蕴藏着更深层次的内涵。小侠非常清楚，要想了解中国武术的内涵，必须越过语言障碍，提高中国文化的认知水平，所以她决定离开武校，去系统学习汉语，学习中国文化。

2003年9月，蒙小侠进入中国人民大学系统学习汉语。两年后，她又申请进入上海体育学院，开始了四年的留学生涯。在求学过程中，她走访了很多武术之乡，拜师学艺，请教武术文化的真谛。

"你都去过哪些武术之乡？"

"太极拳方面，我去过河南省焦作市温县陈家沟，那里是陈式太极拳的发源地，还去过河北省邯郸市永年县——杨式太极拳的发祥地，还有河北省沧州市、保定市等。还去过武当山，拜访了武当太极拳大师，还有四川青城山的青城派太极拳，以及山东烟台的螳螂拳。还有福建省，很多，我估计得有20多个吧。"小侠如数家珍般侃侃而谈。

"那现在你最擅长什么拳种？"

"上学时，我最擅长长拳类，器械类像刀、枪、剑、棍我还是不错的。这得益于在塔沟武术学校的那两年练就的基本功，后来我迷上了内家拳，像太极拳、六合太极螳螂拳、八极拳。我现在习练最多的也是内家拳。"小侠边说边比画一些拳种的经典动作。

结缘武术，情定邯郸

"你在中国除了武术，最大的收获是什么？"

"啊，对，除了武术文化，我最大的收获就是爱情，在中国认识了我的白马王子。"小侠脸上泛起幸福的神情。

"啊？！你们怎么认识的呢？可以说说吗？"我急忙追问道。小侠不但不介意，反而兴致勃勃地一五一十跟我聊了起来。

"他叫马晓林，个子高高的，高高的鼻梁，长得很眉清目秀，不太像练武术的。但是他是一名大学武术老师，我记得第一次认识他还是我大学三年级的时候。那是 2008 年 10 月，我去河北省永年县参加第十一届中国·邯郸国际太极拳运动大会竞赛。他负责参赛人员（国际）的资格审查，每个参赛的运动员须出示护照、邀请函，然后才能拿到参赛证，这样才能参加比赛。当时我从上海走得急，把邀请函落在学校了，所以在办理参赛证时出了一些小插曲。记得当时他很礼貌、很认真地'难为'了我，不过最后在他的帮助下，我也参赛并得了奖。"

"你不会从那时就喜欢他了吧？"

"当然不是。我觉得我和他是上天的安排，是缘分。我比赛完就回上海了，但把一个包落在了邯郸永年，所以我不得不找组委会。接电话的人正好是他，然后就互留了联系方式，他把我的包邮寄到了上海。我们一直保持联系，慢慢成了无话不谈的好朋友，我跟他学了很多中国武术的知识。我很喜欢他，一直没有向他表露我的感情，但是我的内心总有一种声音告诉我，这就是我要找的终身伴侣。因为马上就要毕业了，我怕缘分错过了就不再回来。我清楚地记得 2009 年的 5 月 4 日，我向他表白了，我喜欢他，他也很喜欢我，再后来您懂的……哈哈哈。"此时的小侠显然沉醉在美好的记忆里，爽朗的笑声、脸上的幸福，时间仿佛定格在那个美好瞬间。

"你们双方父母对你们俩的恋爱什么态度？"我问。

"说到双方父母的态度，都是一样的——不约而同地不支持。他在他家里是最小的，我也是最小的，最小的孩子一般都是爸妈的心肝宝贝。他的父母总想让他在中国找个女孩，这样更踏实、更稳定。我爸妈也是想让我在蒙古陪着他们。一开始很不顺利，但是我们俩都没有气馁，两个人和两个家庭'战斗'，呵呵……"

"现在怎么样了？"

"通过我们的努力，顺利通过了父母们的考核。现在我爸妈对他可好了，基本上把他当亲儿子，有时候我都感觉要好于我了。特别是我爸，只要晓林来蒙古，他总把自己珍藏多年的好酒拿出来品一品（哥哥们都没有这样的待遇）。当然中国的爸妈对我也很好，好于对晓林，哈哈哈哈……"小侠脸上开满了幸福之花。

后来，蒙小侠在爱情和武术的双重助力下申请了硕士学位。三年的硕士研究生生活，让她对中华武术的认识有了更高的升华。

蒙古国第一位"中国"武术老师

2012年研究生毕业后，小侠选择回国发展，然后令她没有想到的是，在蒙古国推广武术并不像她最初想的那样容易。她在乌兰巴托进行了调研，几乎没有中国武术的踪影，倒是日本的空手道和韩国的跆拳道受到蒙古人的欢迎。这更坚定了小侠在蒙古推广武术的决心。因为她十分清楚，空手道、跆拳道都受到中国武术的影响。空手道是日本传统格斗术结合琉球武术"唐手"而形成的，起源于日本武道和琉球的唐手。而"唐手"是中国武术传入琉球，结合当地武术"琉球手"发展而成的，后来日本人又将九州、本州的摔、投等格斗技与唐手相结合，最终形成空手道。从空手道的搏击手法上，隐约可以看到中国南拳的影子。跆拳道起源于朝鲜半岛，早期是由朝鲜三国时代的跆跟、花郎道演化而来的，但在长久发展过程中也吸取过中国北方长拳的养分。小侠认为，这些功夫都不如中国武术高深，只是蒙古人还没有认识到这一点。

蒙小侠也找到上世纪90年代创立的蒙古国武术协会（当时已经

基本名存实亡），向协会的老前辈谈了她自己的想法和计划：先培训师资，以便在各个中小学推广普及；计划两到三年内组建蒙古武术队。2013 年，通过孔子学院公派武术教师的介绍，她找到了乌兰巴托中国文化中心，商谈合作推广武术的事情。她亲自担任教练，开设短期武术培训班，分为青少年班、社会成年班和社会老年人班，青少年主要教授少年拳、长拳、南拳；成年班和老年人班主要是养生健身为主，教授太极拳。她通过四年的努力，一点一点激起蒙古人对中国武术的兴趣。

这四年中，小侠多次往返中国和蒙古国。在推广过程中，蒙古国武术协会得到了乌兰巴托中国文化中心的大力支持。两年一届的散打比赛都是中国文化中心赞助的，该协会还组织了多次的夏令营活动，让蒙古的学生到中国身临其境、真真切切地体会中华武术，尽可能全面地向他们传授武术技术，从南拳、刀、枪、剑、棍到太极拳。

"你现在在蒙古推广得怎么样了？"我问道。

"我个人觉得很乐观，因为很多学生非常喜欢武术，感觉和我小时候一样，只是没有武术老师，师资力量匮乏。武术套路就我自己一个老师，我是蒙古国第一个武术老师！"谈到这里，她非常自豪地说。

"当然，2013 年蒙古国立大学孔子学院来了一位由中国国家汉办公派的武术老师，我们是好朋友。他和我爱人是非常好的朋友，志同道合的那种。"小侠接着说。

"李薇主任，我今天来拜访您，一是对您的到任表示祝贺，二是还是想在乌兰巴托中国文化中心的这个大平台上合作推广武术（太极拳）事业。"小侠殷切地看着我说。

"首先我要对你为中国优秀的传统文化——武术事业在蒙古的推广作出的贡献表示衷心的感谢。我们中心就是进行中蒙文化交流的平台，非常愿意和你以及蒙古国武术协会一道，同心协力把武术（太极拳）的种子撒在蒙古大草原上，让它生根、发芽，最终结出累累硕果。"

我坚定地回答道。

"那太好了！有了您的这一番话，我们负责在蒙古的招生宣传，你们负责资助指导，我不信做不好这样的事业。您知道吗，李薇主任，我自己学了这么多年的武术，很清楚学武术对身心健康有很大的好处。特别是在蒙古，冬季长达六七个月，孩子们活动很少，武术很适合在蒙古的各类学校推广。"小侠有些激动地说。

"什么你们我们，应该是咱们一起同心协力，共同完成这一美好的文化推广事业。"我高兴地说。

蒙小侠像一位辛勤耕耘的园丁，她渴望把武术的种子撒到蒙古大草原上。她有着很强的使命感和责任感，她相信，武术源于中国，但更属于世界。她期盼着这一天早日到来，希望世界各地的人们都能通过学习武术达到强身健体、修养身心的功效，在有限的生命里发挥更大的潜能，使自己有充沛的精力干工作，为自己的国家贡献自己的力量，为世界发展贡献自己的力量，为全人类贡献自己的力量。

合作篇

我在蒙中睦邻友好关系与合作进程中亲历的那些事

R·那尔满达赫（蒙古矿产公司驻北京代表）

金德弘　张函毓 译；王　浩 校

1982 年，我毕业于蒙古国立大学语言文学系中文班中国研究与汉语翻译专业。此后的 34 年里，我一直在与中国打交道，其中有 20 年在政府部门工作，另外 14 年在私人机构工作。这样的工作经历中，我亲身参与并见证了两国关系中的诸多里程碑式的事件，如果逐一道来的话大概需要很多的时间。在这众多值得纪念的事件之中，我想简要分享一下我在蒙中第一、第二次边界联合勘定工作中的经历。它们在我的生活中留下了最难以忘却的记忆，成为我亲身参与进一步发展两国的友好关系与合作、巩固两国人民互信的重大进程的工作与生活的开始。

参与蒙中第一次边界联合勘定工作

1962 年，中华人民共和国与蒙古人民共和国正式确认了两国的边界，并于当年 12 月 26 日在北京签署了《蒙中边界条约》，完全解决了两国之间的边界问题。根据该边界条约的条款，虽然议定了双方每5 年联合勘定一次边界，但由于该时期两国关系、国际形势和其他众多原因的制约，一直没有落实该条款。20 年以后，即 1982 年，双方接洽、会晤商议执行该条款，并于同年 5 月起分别进行筹备工作，6月开始实地联合勘定工作。

当时，我是蒙古国立大学中文班毕业班的学生，正在准备于 7 月正式毕业。但 4 月中旬的一天，学校管理处把我们叫去，说由于要开

1982 年，那尔满达赫在中蒙边界留影。

始蒙中边界联合勘定工作，蒙古人民革命党中央委员会作出决议，动员中文班的学生们提前毕业来参与这项工作，在紧急进行毕业考试的同时，也参与由当时的边境军管理总局组织的准备工作。所谓准备工作，就是对参与边界勘定工作的人员在工作和专业方面给予辅导和指导。就我们而言，由中央委员会的翻译教会我们一些边界勘定工作中广泛使用和可能会使用的专业词汇和术语。限于当时科学技术的发展水平，检查两国边界线、界标位置的技术方法、工具都和现在有着很大的差别。对于在四年的中文学习过程中一次都没有和中国人交流过，也没有学习过技术、测绘学方面课程内容的我们来说，资深外交官阿勒玛斯先生的课程和辅导对之后 5 个多月的野外工作提供了极大的助益。

在两国首次边界联合勘定中，双方分别成立了政府间中央委员会、16 个分委会和 48 个工作小组，按照地理位置在两国边界分段开展工作。我们中文班 10 名毕业生中有 8 个男同学都被动员参与联合勘界工作中，被分配到工作小组中担任翻译工作。我被任命为第一分委会第一工作小组翻译。除我以外，我们工作小组还有小组长策温杜勒姆（边防军现役）、副组长策伯格门德（测绘工程师）、技术员巴亚拉（测绘人员）、秘书纳斯哈特（综合技术学院测绘班学生）等人。给我们小组的装备有边防军提供的嘎斯66型汽车、两顶军用帐篷（一顶供我们自己住，另一顶专门在需要与中方工作小组见面、开会时使用）、炉灶、炊具和一袋用于修缮界标的速干水泥等物品。此外，每人还有马鞍、马嚼子、笼头、马绊等骑马用具。

我们工作小组联合工作的地段是蒙中边境第1界标到第22界标，涵盖了巴彦乌勒盖省的乌兰呼斯县、臣格勒县、萨格赛县、阿尔泰县的边界线。联合勘界的野外工作是从1982年6月26日起，到8月20日完成的。

我于1982年5月10日从蒙古国立大学取得毕业证，同月15日便动身前往巴彦乌勒盖省。驱车从乌兰巴托到巴彦乌勒盖省首府乌勒盖市有1760多公里，途径前杭爱、巴彦洪格尔、戈壁阿尔泰、科布多省。我于5月25日来到乌勒盖市。

在乌勒盖市住了数日，我们从边防军部队那里了解了我们负责部分的边界线、界桩、界标的地理位置信息，在联合野外勘定工作开始之前，首先着手研究到达每一个界桩界标的路线，熟悉当地情况。我们联合工作小组勘定的分段中包括的大部分界桩界标都在高山上，海拔2000米以上，有些甚至位于3000多米。这成为我们联合勘界工作面临的主要困难。因此，提前了解当地情况、适应高山地带活动十分重要。之所以这样，是因为以前曾出现过被动员参与勘定边界工作的一些年长的人员在高海拔地区出现血压升高、头疼等症状，不得不返回乌兰巴托的情况，虽然我们工作小组的大部分都是青年人。

6月26日早11时，在两国边界第12号界桩处，双方工作小组人员首次见面，野外联合勘界工作正式启动。第一次会晤和会议则是在中方的红山嘴边防站进行的。联合工作小组第一次会议期间，双方就如何确认边界线的走向和界桩的位置、按什么顺序联合勘界、如何解决技术问题等原则性问题进行了工作组层面的协商。联合工作小组通过的首次会议纪要成为双方之后合作的基本准则。

尽管当时两国的关系不像今天一样友好，但我可以肯定地说，联合勘界工作小组的工作人员的实际关系在大多数情况下都是非常务实和友好的。我们第一联合工作小组负责勘查的部分在地理上属于蒙古阿尔泰山脉分支地带，故经常需要经过高山、岩石、河流、湖泊、沼泽密布的地区去检查界标，所有与之相关的困难，双方都联合解决，勘定工作很快便完成了。有时也会遇到需要经过对方的领土到达某一个界标的情况，例如从我们这里前往位于海拔 3068 米的第 9 号界标十分困难，岩石众多且需要攀登高山，因此为了方便工作，我们就从中国领土上过去；同时，中方工作小组的人员也从我国领土通过，完成了对海拔分别为 2538 米和 2741 米的第 3、第 4 号界标的检查工作。这些都是所有的联合工作小组曾经有着怎样友好的务实关系与合作氛围的体现。

在这个过程中，我第一次受邀到中国的哈萨克族人家做客，小憩之际，亲眼目睹了两国哈萨克族人民同样保留着自己的语言文化和风俗习惯，也在中国的哈萨克人家里喝到了那年的第一碗马奶酒。

双方联合工作小组在勘查界标的过程中，通常于上午 11 时碰头，开始展开勘查工作，并努力在当天完成勘定工作。但在有些时候，双方的测绘专家会出现测量上的差异，由此导致勘查工作没能在一天内完成，出现连续许多天在一个界标上碰面工作的情况。有的时候，也会遇到在工作小组的层面上无法达成一致，需要分委会中负责测量问题的副主任们来进行决策的情况。这样的难题主要是双方测绘工具器械测量时出现的差异造成的，另外，当时两国关系的状况和互信的水平也对此产生了影响。

双方的工作日程表议定为，每天上午 11 点在界桩界标处碰面，然后开始勘定工作，如果当天结束了该界桩的勘定，那么在第二天或者两天后的 11 点在下一个界标处碰面。为了在上午 11 点赶到位于高山上的界标会合，我们通常清晨 4 点就起床，骑着马向界桩界标出发，到达尽量靠近的地方，就让马儿停下，我们自己背负着工具器材，攀爬陡峭的岩石。在勘查高山地区的界标时，也有我们工作小组的成员不下山，从一个界标沿着边界线骑着马前往下一个界标，在边境己方境内野外过夜，第二天早晨直接前往下一个界标的情况。像这样让马驮着测绘仪器，行进在几乎都是海拔 2000 米以上的高山中，在陡峭的岩石间渡过奔流的大河到达界标，并不是那么容易的事情。

第一次勘定的一个重要任务就是在高山地区跨越边界的山顶、与国界交叠的河流和岸边、跨越国境的公路等附近划清边界线，增补树立界桩界标。具体来说，我们的任务是在低地树立水泥界桩，在高山上堆砌当作界标的石头敖包，在上面树立重达 45 公斤的增补界标。我们联合工作小组卓有成效地完成了在第 8 号界标处设立 3 个辅助标记、在第 12 号界桩处新设立一个辅助界桩的任务。把要树立在石头敖包上的界标运上山是一件十分困难的工作，我们用软被子把它包起来，再用麻绳把被子捆起来，轮流背着它爬上 3000 米左右的高山。把辅助界标带到这样的高山上以后，双方要就它的设立点讨论好久，这与当时两国关系的氛围和互信水平是有关系的。但是在低地设立增补界桩的时候，双方很快就达成了相互的谅解。

谈一谈在联合勘界的进程中，双方相互尊重、用友好互助的方式解决与勘查工作相关的一切问题，是十分有意义的。有一件事我至今还清楚地记得。那时，我们联合工作小组在勘定了第 3、第 2 号界标后正在下山，从我们的边防战士那里得到了一个牧民为了寻找自己的牲畜，在第 1 号界标附近越境进入中国境内被抓的消息。为了搞清楚发生这种事情的原因，我们一起作了分析。那时，边境冲突被认为是非常严重的事件，为了解决这个事件并保证此类事件不再发生，边防军管理总局边境司司长夏井巴特（Shajinbat）上校专程来到巴彦乌勒盖，刚好碰到了从山上下来的我们。夏井巴特司长让边防军军官们立正，并让他们认错。对我来说，由于这几天一直以荒野当毡房、以峭壁当枕头，只想着快些冲到附近的哨所，好好洗个澡，休息一下。可是上校正大发雷霆，军人们只能立正站着听上司的训话。就这样过了一个多小时，上校的语气稍微放缓了一些，他布置任务说："中方考虑到这是两国第一次联合勘定边界的行动，考虑到现在两国关系的状况，确定越境者也确实是为了寻找越境的牲畜而越境，所以决定友好地解决这个问题。中方今天会在边界线上将越境者移交给我们的边境代表。你们全体今后在边境保卫工作中要注意，不要再出现这种事情了。"在两国关系紧张的时期，偶尔有关于双方公民越境的议论，据说有些问题得不到解决，一直拖延了许多年，这样想来，那个越境的男牧民真是挺幸运的。

联合工作小组于 8 月 9 日完成对第 22 号界标的勘定，并完成备忘录文本。工作小组的最后一次会议于 8 月 20 日召开，确认结束第一工作小组的勘定工作。尽管联合工作小组完成了工作，但是为了等待中央委员会批准返回乌兰巴托的命令，又在巴彦乌勒盖耽误了一个多月，最终于 10 月 5 日才回到乌兰巴托市。

参与蒙中第二次边界联合勘定工作

我参加的蒙中关系中另一件大事就是两国第二次边界联合勘定工作。这个时候，我是在蒙古国驻华大使馆负责两国政治、文化教育、人文交流事务的外交官员，直接负责第二次边界联合勘定工作。双方就第二次勘定中需要注意什么等问题于 2000 年 3 月 29 日至 4 月 5 日在北京进行了第一次会晤。我国方面，以对外关系部边境司司长丹毕

2000 年 3 月 21 日，中国国务院总理朱镕基在北京会见蒙古国家大呼拉尔主席贡其格道尔吉。那尔满达赫（左 2）和王福康（右 2）担任翻译。（供图：中新社）

尼玛（O. Dambiinyam）、条法司司长色色尔（G. Seseer）为团长的代表们参加了此次会晤，同时查希勒冈大使（D. Tsakhilgaan）和我代表大使馆也参加了此次会晤。这次会晤后，双方又在乌兰巴托和北京举行了几次会晤。之后，双方外交部、边防军、国防部的军队驻防部署图办公室、测绘与绘图局等与联合勘界工作相关机构的代表们参加了 2002 年 1 月 29 日至 2 月 9 日在北京举行的蒙古国和中华人民共和国第二次边界联合勘定委员会第一次会议，会上商讨议定了边界联合勘定的主要问题。我作为研究员参与了此次会议。

　　第二次勘定期间，恰逢 GPS（全球卫星定位系统）开始在生活中广泛使用，在勘定边界的工作中，我们也广泛使用了这项新的科技成果。这样，在我们第一次勘定时曾使用过的经纬仪、罗盘等传统的测绘设备就不再需要了，而且界标的位置得到更加精确的测量和标记。同时，在本次勘定期间，不仅将当年使用的水泥界桩和石头敖包界标全部换成了在极端自然气候条件下能够保持稳定的天然花岗岩，而且撤掉了辅助标记，将所有界桩重新标号登记。

第二次勘界期间，两国商讨了在水上边界放置漂浮界标的问题，并在贝尔湖的水上边界成功放置。这是本次勘界的一个很大的成果。

2002 年 8 月，我结束了在使馆的任期，回到家乡，外交官的生涯也画上了句号。虽然此后我在商业领域、在私人机构里工作，不能继续参与边界勘定，但是与两国边界相关的问题至今仍是我最为关注的领域。

我于 2002 年开始担任蒙古国大型私人企业 MCS 集团和蒙古能源资源公司（Energy Resource LLC）驻北京代表处的主任。虽然在私人机构工作，但我依旧亲身投入发展两国关系的事业。具体地说，我一直积极参加促进两国经贸、企业和民间关系发展的活动，积极致力于与中国政府的和私营的公司、机构以及个人建立广泛、友好的关系。在这个过程中，也有许许多多难以忘怀的美好回忆，我希望以后能记录、整理出来和大家分享。

我与蒙古国的不解之缘

刘巴特尔（蒙古国内蒙古总商会会长）

遥望

1970 年，我们一家七口居住在内蒙古锡林郭勒盟东乌珠穆沁旗，旗政府所在地乌里雅斯太镇距边境约 70 公里，与蒙古国苏赫巴托省相邻。这一年我初中毕业，虽然只有 15 岁，也被卷入当时的知识青年上山下乡运动，和其他 11 个同学插队到本旗的阿拉坦合力公社白音杭盖大队。大队党支部把我们新来的 12 个知青分别安排到 12 户牧民家。

我被安排到牧民斯日德家，他有 8 个孩子，老大已经成年，最小的还在吃奶。他们热情迎接，使我很快融入了这个新家庭，成了这家的第 9 个孩子，我也管斯日德叫阿爸。我们住在同一顶蒙古包里，每个清晨，一家人就开始了忙碌的一天。女人们挤牛奶、烧早茶，男人们把绊在野地里吃夜草的马都牵回来，准备出去放牧。小孩子们也会帮助阿爸、额吉干些力所能及的事。我们套牛车去河边拉水、拾牛粪，还要宰羊、剔肉，总有干不完的活儿。然而，草原上的人们从不寂寞，我们家每天都有客人来，年少的来找孩子们玩，年长的和阿爸、额吉喝着奶茶，聊些新鲜事儿。

秋高气爽、草梢儿变黄的时候，便到了牲畜的抓膘期。我们拆了蒙古包搬去新地方，赶着羊群慢慢向北迁徙，但是到新地方搭起来没几天，便拆了再搬。直到有一天，我们到达一片非常美丽的牧场，和我之前看到的都不一样——平坦的草原上出现了高山和树木，流淌在山脚下的小河折射着阳光，闪闪发亮。牧草在秋风中翻着波浪，连绵起伏，望不到边。阿爸说这里是边境地带，平时人畜都不能来，牧草因此得到了很好的保护。羊群在这里抓膘，吃胖了才能顺利过冬。

一天，我和阿爸出去放羊。草好，羊群就不乱跑，只顾低头采食。我们给马上了绊子，让它们在羊群边吃草。阿爸带着我走上一座山头，周围顿时开阔了许多。阿爸从怀里掏出望远镜向北望，他说那边就是蒙古国。放眼望去，那边的天空、大地景色和我们的一样，羊群也都是一片片白绒绒的，像飘落在草原上的一簇簇云朵。阿爸把望远镜递给我，我看到了放羊的牧民，两三个人聚在一起。他们下了马，好像也在用望远镜向我们这边望。我看到了蒙古包、牛车、草地上撒欢的牛犊，还有蒙古包上升起的袅袅炊烟。阿爸说，他有很多亲戚在边境那边，小时候还经常和"那边的人"骑马或赶车互相串门做客。我问阿爸："想去看看吗？"他一下子紧张了，目光暗淡，叮嘱我千万不要跟别人说这样的话。阿爸没再带我上那座山，但我常常思绪万千，猜想那边的人们穿什么样式的蒙古袍、操什么样的方言、有什么样的生活习惯。有时真想策马过去，走进他们的蒙古包，问候一声"赛因白奴"（你好）！可当时的两国关系，让我觉得这是一个永远都不可能实现的愿望。虽然近在咫尺，但那条边界线就像不可逾越的天堑，只能遥远地相望。

不久，抓膘结束，我们离开了那片牧场，搬到了冬营地。而我却再也忘不了那天在望远镜里看到的景象，想去蒙古国看看的愿望愈加强烈。

初识

1974年秋天，我成为少数的幸运儿之一，上了内蒙古大学，就读于蒙古语言文学系，不仅能在课堂上听老师介绍蒙古国，还能在图书馆借阅五六十年代出版的、已转写成老蒙文的、出自蒙古作家如博·仁亲、曾德·达木丁苏荣、策·洛岱丹巴等人的优秀作品。达·纳楚克道尔基的诗歌最受欢迎，常有同学顺口就能朗诵几首。脍炙人口的当属《我的故乡》：

肯特、杭爱、萨彦——高耸峻美的山脉

茂密的森林把北方的群岭点缀

漠南、沙尔嘎、诺敏——宽广无边的戈壁

渺渺茫茫的大漠汇成南部的沙海

这就是我生长的地方

美丽的蒙古故乡

克鲁伦、斡难、图拉——明滢洁净的江河

小溪山泉的圣水甘露般滋润着我

库苏古勒、乌布苏、贝尔——深蓝的湖泊

人畜饮之不尽池水永远澄澈

这就是我生长的地方

美丽的蒙古故乡……

书刊帮我勾画了印象中的蒙古国：巍峨的山脉、奔腾的河流、广袤的草原、浩瀚的沙漠、寒冷的雪山、寂静的森林，展现了蒙古大地的恢宏气势；牧民、喇嘛、官僚、摔跤手、盗马贼、军人、商人等各种人物活灵活现，似曾相识；古老传说、历史事件、奇闻逸事，还有蒙古人民的日常生活，作者们娓娓道来，都是一个个精彩的故事。书中的蒙古国，少了神秘，多了亲切，更加令人神往。

但是，我更希望了解书外现实中的蒙古国。

80年代末，两国关系初步改善，开始恢复民间交往，大学校园也时而举行蒙古国专题报告。有一位王义民先生，是驻蒙古人民共和国的新华社记者，他根据自己亲身经历，在内蒙古大学作了一场报告。这时我已经不在内蒙古大学，是听同学转述的。当时，这场报告是关于蒙古国的最详尽、最客观的介绍，给我留下的深刻印象是蒙古人民富足、安逸，社会治安良好。那时，1图格里克相当于人民币8毛钱，蒙古国普通工人的工资大约300图格里克，换算下来，竟和我们学校教授的工资相差无几。

相见

随着两国关系得到进一步改善，双方的科研机构也开始相互考察和走访。1990年夏天，应内蒙古科技馆邀请，蒙古国科技信息中心来呼和浩特举办了一场蒙古国工艺品展览。他们带来的展品中，最吸引人们目光的是各式各样的地毯。那时，我们的地毯就是铺在地上或者炕上、床上的，只能卷，不能折，非常厚重，讲究结实，能传几代人。但蒙古国的地毯不仅图案新颖，做工精美，民族特点突出，而且又薄又轻，既可铺在地上，也可挂在墙上，所以倍受欢迎。

布展期间，科技馆请我帮忙做翻译，我第一次了解到蒙古国人讲的蒙语与我们内蒙古的蒙语相差甚远，不仅很多名词术语不同、发音不同，连语法和表达方式都有差异。文字更不相同，我们使用传统的老蒙文，他们使用西里尔文字，就是在33个俄文字母上增加了2个自创的字母，也称"新蒙文"。虽然我们都看不懂对方的"蒙文"，但这些并不妨碍感情的交流和心灵的沟通，我们的合作愉快而默契。展览结束之后，我陪他们去鄂尔多斯，拜谒了成吉思汗陵。当时呼和浩特至鄂尔多斯还没有像样的直达公路，更没有铁路和高速公路。中巴车走走停停，经过了包头、东胜、伊金霍洛旗，满足了他们多看看、多感受、多了解一些内蒙古人生活状态的愿望。他们对成吉思汗、对内蒙古的历史和现实情况都非常感兴趣。之前我们互相了解很少、误解很多，两国关于对方的宣传是不够客观真实的。他们对内蒙古完整保护了成吉思汗陵、内蒙古人还保留着传统民族文化与风俗表示由衷的赞叹。从成吉思汗陵回来之后，允许他们出售的展品已被抢购一空，我陪他们买了很多东西，其中最多的是南方的绸缎，他们说要拿回去做蒙古袍。

蒙方展团中有三人来自蒙古国科技信息中心：团长苏赫巴特尔，负责中心的外事工作，平时派驻莫斯科；团员苏布达，服装设计师，后来创办的民族服装公司很有名气，创业成功后又回母校乌克兰基辅轻工学院继续深造，获得博士学位；团员敖登托雅，英语很好，这在当时全民学俄语的蒙古国是奇缺的人才，她后来经商成功，却又弃商从政，当选国会议员。他们是我最初认识的蒙古国朋友，至今仍保持着深厚的友情。

1990年冬天，经我牵线搭桥，应内蒙古乌海市民贸公司邀请，苏布达带领蒙古国价格计量局的德格米德等人来内蒙古考察交流。那时还没有乌兰巴托到呼和浩特的直达火车，他们一行六人乘莫斯科至北京的国际列车在集宁下车，我和当时乌海市民贸公司的魏洪峰经理带车接上客人，直奔乌海市。途经巴彦淖尔盟，在一个路边餐馆吃午饭，餐馆服务员是个十七八岁的小伙子，边干活边哼歌，引起客人的兴趣，让他唱一曲。小伙子得知客人来自蒙古国，非常高兴，唱了一首腾格尔的歌。没想到歌声一出口，仿佛腾格尔到了现场，一首《蒙古人》令客人们如醉如痴。在热烈的掌声鼓励下，他又唱了几首腾格尔的歌，竟然模仿得惟妙惟肖，与腾格尔的声音和风格一模一样。问他在哪儿学的声乐，他说没学过，说自己是个牧民的孩子，刚从牧区来到这家饭馆打工。蒙古朋友们喜欢上了这个孩子，邀请他去蒙古深造并资助费用。我们给他留下了联系方式，可惜他没再联系。后来，蒙古朋友们还打听那个孩子，祝愿他遇到一个良师，成为一个好歌手。

蒙古朋友们的乌海之行收获颇丰，他们是到访乌海市的第一批蒙古国客人，双方建立了合作关系。

结缘

第二年 5 月下旬，应蒙古国价格计量局的邀请，我与当时的乌海市副市长图布新等一行六人赴蒙古国考察。出发前，我的胃病犯了——十多年的胃和十二指肠溃疡，用过各种药和偏方都不见好。忍着疼痛，带了很多药品启程。我叮嘱自己，注意饮食，别喝凉的，别吃硬的，更不能饮酒。要是犯了忌讳，胃疼厉害了，不光自己受罪，还给接待方添麻烦。

那时呼和浩特到乌兰巴托的列车刚刚开通，只有两节车厢。车到蒙古国东戈壁省省会赛音山达，停车两个小时。该省省长前不久去过内蒙古乌海市，结下了友谊，得知乌海市领导一行途经本市，带着市长和警察局长来到车上问候。他们用一个银碗轮流给我们敬酒，轮到敬我，我婉言谢绝，解释我有胃病，不能喝酒。省长说，蒙古人胃疼不怕喝酒，多喝点就不疼了，他把酒端在我面前，一定让我喝下。我第一次到蒙古国，本就心情激动，加之盛情难却，再顾不得胃疼。第一碗酒干了，后面的也不在话下，敬多少，喝多少。那一晚，我迷迷糊糊地听着铁轨咣当和车头轰鸣，睡得很香，很踏实。

列车在蒙古高原上奔驰，前方就是向往已久的蒙古国首都乌兰巴托。感觉这里的天是湛蓝的，地是宽广的，山是秀丽的，水是洁净的。我们受到蒙古朋友们的热情接待。参观考察、会谈交流之余，我们去逛百货大楼。商场里货架空空如也，恰逢社会转型期，旧的东西卖完了，新的生产还没有跟上，商场内很难买到什么有用的物品。可是，老百姓的精神状态却非常好，社会变革让他们对未来充满了希望，这种希望和信心写在他们的笑容和眼神里。

蒙古朋友带我们来到乌兰巴托以东 80 余公里的特列尔吉森林公园，这里融汇了山地和草原景色，流淌自肯特山脉的河水带来了勃勃生机和幽幽灵气。置身如画的风景中，我的心情无以言表，可用席慕蓉《父亲的草原母亲的河》这首歌的歌词来形容："如今终于见到辽阔大地，站在这芬芳的草原上我泪落如雨。"我们捡树枝，做石头烤肉，一起喝酒、唱歌、跳舞，气氛好不欢乐。酒不醉人人自醉，此时此刻，此情此景，让我醉倒了。蒙古朋友们把我拉到图拉河边，让我直接喝冰凉的河水醒酒，我说水凉，喝了会胃疼。他们却说，这是我们的母亲河，你喝了这个河水酒会醒得快，不会喝坏肚子。酒后口渴心热，我猛喝了一通河水。他们又让我用河水洗头，冰凉的河水顺着头发往下流，衣服湿了，酒也醒了。我的胃没疼，也没感冒。他们说得没错，母亲河的水不会伤害我们。

按照计划，我们这次还要赴苏联考察。之前去过呼和浩特的刚巴特女士担心我们因人生地不熟而在旅途中遇到困难，便主动提出自费去莫斯科给我们当向导。

我们乘火车继续向北，过了蒙俄边境，到达布里亚特自治共和国首都乌兰乌德。我们的邀请人是恩和，他毕业于内蒙古大学，几年前到他祖辈的故乡——布里亚特定居，做中俄、中蒙贸易。圆满完成对布里亚特的考察任务之后，恩和陪我们飞到莫斯科，住在乌兰乌德桥梁厂驻莫斯科办事处招待所。听说红场离我们的住处不远，大家迫不及待地要去看看。步行约半个小时就到了，红场很美，古老的官殿、红墙，条石地面，像是到了童话世界。列宁墓在广场西侧，庄严肃穆。在灯光照射下，列宁的面部和双手很清晰，感觉很安详。列宁墓入口一边一个卫兵，长得一模一样，是双胞胎兄弟。他们持枪立正，一动不动，眼睛都不眨一下，每 15 分钟换一次岗。

莫斯科城的名字源自莫斯科河，蒙古语意为弯弯曲曲的河。我们乘游艇顺莫斯科河转了一圈，岸边美景目不暇接。游艇尾部悬挂着苏联国旗，恩和招呼大家以国旗为背景照相留念，说可能过不了多久，苏联就没了。果然，就在几个月后，戈尔巴乔夫下台，苏联解体了。

蒙古国科技信息中心的苏赫巴特尔当时在莫斯科，他闻讯赶来，请我们到饭店享受了一顿俄罗斯大餐。

我们住的招待所只有一位工作人员，正逢周末，她把钥匙交给我们，自己休息去了，我们成了主人。陪我们来的刚巴特女士说她的朋友、蒙古国驻苏联大使馆的秘书晚上要来招待所见我们，交朋友。客人要来，我们理应尽"地主之谊"。当时莫斯科的商场里商品匮乏，蒙古朋友带我们去了一个处于半地下的自由市场，这里农产品很丰富。我们买了很多食材，自己动手，做了一桌丰盛的中餐。客人来了，我们围坐在饭桌旁，打开自带的中国白酒，开怀畅饮。苏联和蒙古，前不久还是中国的冷战对手，而今中国人和蒙古人在苏联的首都莫斯科坐在一起推杯换盏，谈笑风生，有点不可思议。这个世界真的变了！

从俄罗斯返回蒙古国，我们进一步考察了工厂、建筑工地、农（牧）场，还到蒙古朋友家里和郊外别墅做客。所谓"别墅"，就是夏天在郊外住的木板房，在社会主义时期，蒙古几乎家家都有，由各单位集体在自然条件和空气非常好的地方为职工修建。

一转眼半个多月过去了，我们启程回国，带着满满的收获和浓浓的友情，恋恋不舍地告别新老朋友，告别蒙古国。

回到家里，回忆这次难忘的旅程，我总觉得少了什么。想起来了，胃没疼。是的，以前怕硬的、怕凉的，这次都吃了；以前喝一口白酒，胃就火烧火燎地疼，这次几乎天天喝，还醉了几次，胃一次都没疼！随身带的药，一片都没吃。折磨了我十几年的胃溃疡自此好转，竟至痊愈了。

我的第一次蒙、苏之行，与蒙古国结下了不解之缘，影响了我的人生轨迹。

续缘

从蒙古回来后，老朋友来访，老朋友又介绍新朋友，我的蒙古朋友越来越多。有一位佳娃女士，是蒙古矿山能源部下属公司的经理，来呼和浩特办事遇到困难，我帮她解决了。她非常高兴，回国前给我留下家里电话，让我去蒙古一定和她联系。我经常为蒙古朋友们办些力所能及的事，并没把这些事特别放在心上，慢慢地就忘了。后来去乌兰巴托偶遇佳娃，她嗔怪我不和他联系，说有个合作机会想告诉我，但联系不上。她带我见了副部长古尔扎布先生，古尔扎布说：矿山能源部迎来 70 周年大庆，要搞庆典，需要一批礼品和奖品，但蒙古市场上买不到，从国外买申请外汇又很难。如果组织货物卖到中国再买东西，时间来不及。他问我能否帮他们采购物品，先发过来，他保证一定会付钱，问我是否相信。我说，副部长先生亲自作保证，我义不容辞。他们要笔记本、电子闹钟、拎袋等 20 多种货物，要求都印上 70 周年庆典的字样和标识。时间很紧，我带着购物清单匆匆回国准备货物。

当时的呼和浩特货品也不全，我就到北京、天津、河北等地采购，有的还需预订加工，最终办齐了清单上的货物并印上了标识和字样，雇了一辆卡车运到二连，交给了佳娃。佳娃说部领导邀请我参加庆典活动，可那时出一次国并不容易，更不可能轻易出席国外的活动，我只能婉言谢绝。过了一段时间我去蒙古，佳娃又带我见古尔扎布副部长，副部长说部长要见我。我们一起到部长办公室，吉格吉德部长热情地和我握手，说 70 周年庆典邀请了国内外 300 余人参加，活动办得很成功。庆典活动前三天，我采办的礼品和奖品及时到达，样式和质量都不错，为活动增添了光彩，他为此表示诚挚的感谢。他给我一枚纪念章和一件戈壁牌羊绒衫，说这不是礼品，是给最佳合作伙伴的奖励。他们说，可以给我矿山的废钢铁和西部省份为架设输电线路调集的羊皮，如果我要现金，他们也可以向财政部申请美元。我选择了要废钢铁，签订了 1000 吨废钢铁的易货贸易协议。

佳娃陆续给我发运废钢铁，我给她回运了等值的电缆、漆包线等

2016 年 12 月 10 日，蒙古国内蒙古总商会成立五周年庆祝活动在乌兰巴托举行。图为邢海明大使（右 6）、刘巴特尔会长（左 4）等与获奖的商会优秀成员合影。

货物，各得所需，平等互利。那时候，中国的改革开放已逐渐深入，经济发展日新月异，物资需求也越来越大。蒙古的货物大部分属于原料性质的，一进来就被抢购一空。如果一时不出手，放一段时间就涨价。我跑遍了当时已开放的中蒙边境各口岸，易货贸易做得有声有色。后来，我索性在蒙古投资办厂，把在易货贸易中赚的原始积累一股脑儿地投了进去。红红火火而又乱象频生的易货贸易特殊时期过后，中蒙经贸合作进入了新时期。

自上世纪 90 年代起，很多像我这样的中国人陆续到蒙古国经商、投资。那时的蒙古国市场经济发展不健全，投资环境不够稳定，并不是所有外商都能发展顺利，有的有所斩获，有的血本无归。长期工作、生活在蒙古国的中国人中，内蒙古人无疑是最大的群体。为了在风雨中抱团取暖，志同道合的我们于 2011 年成立了蒙古国内蒙古商会和蒙古国内蒙古经济文化促进会，大家推举我担任了会长。我们结束了单打独斗的局面，抱团取暖，互助发展。

在过去的 5 年多时间里，在大家的共同努力下，商会有了长足发展，不仅为会员服务，也为发展中蒙友谊作出了贡献，为内蒙古自治区对蒙古国的经济文化合作交流发挥了桥梁作用。

2014 年，中蒙两国确立了全面战略合作伙伴关系。"一带一路"战略、中蒙俄经济走廊、草原之路与丝绸之路等一系列提振经济的战略合作，为双方企业提供了更多的发展机会。

2015 年 12 月下旬的一个晚上，乌兰巴托到处洋溢着辞旧迎新的节日气息。在一家灯火通明的酒店里，蒙古国内蒙古总商会新年晚会渐入高潮。300 位内蒙古同乡与中国驻蒙古国特命全权大使邢海明及各位参赞、内蒙古自治区政府相关部门的领导，还有各中资机构的负责人以及蒙古国议员等蒙方朋友们共聚一堂，欢声笑语，载歌载舞，陶醉在祥和、快乐的氛围里。

短短的 20 多年，中蒙关系发生了巨大变化，现在是中蒙关系最好的时期。这种变化影响了很多人的生活，其中也包括我。但是，这变化来得并不容易，我们都应该倍加珍惜。

中蒙经贸合作潜力巨大

孙维仁（中国驻蒙古国大使馆经商处参赞）

蒙古国资源丰富，后发优势明显

蒙古国地处亚洲中部，是世界第二大内陆国，位于中国与俄罗斯两大邻国之间，北与俄罗斯，东、西、南三面与中国接壤，中蒙边境线长 4710 公里。蒙古国地域总面积 156.65 万平方公里，居世界第 17 位。人口 306 万余人，人口密度近 2 人／平方公里，是世界上人口密度最小的国家之一。全国按行政区划分为 21 个省和一个直辖市首都乌兰巴托。乌兰巴托市面积为 4704 平方公里，目前常住人口为 130 余万，是蒙古国政治、经济、文化、教育、科技和交通中心。除首都之外主要的经济中心城市还有额尔登特市、达尔汗市等。

蒙古国自然生态资源丰富，地大物博。（1）地上资源：高于全世界平均水平的太阳能和风能资源。（2）地表资源：较丰富的森林和草原资源、土地资源和野生动植物资源；其森林面积为 1832 万公顷，森林覆盖率为 11.7%；蒙古国的畜牧业是重要的传统产业，素有"畜牧业王国"之称，是国民经济的基础，也是其加工业和生活必需品的主要原料来源；蒙古国有天然牧场，草原资源丰富，草原总面积约为 13000 万公顷；现有牧民家庭 15 万户，牧民 29.36 万人；畜牧业产值占农牧业总产值的 80%，占出口收入的 10%；截至 2015 年底，全国共有牲畜 5598 万余头／只，同比增长 7.7%，达历史新高；农业用地面积为 11501 万公顷，耕种面积为 44.1 万公顷；目前，蒙古国内生产的小麦、土豆等作物基本可满足国内需求；蒙古国先后建立 49

孙维仁参赞在办公室留影。

个自然保护区，总面积达 1800 多万公顷，野生动物有戈壁熊、野马、野驴、野骆驼等 18 种。（3）地下资源：目前，已探明的有 80 多种矿产和 6000 多个矿点，主要有铁、铜、钼、煤、锌、金、铅、钨、锡、锰、铬、铋、萤石、石棉、稀土、铀、磷、石油、油页岩矿等。其中，煤炭蕴藏量约 1520 亿吨、铜约 2.4 亿吨、铁约 20 亿吨、磷约 2 亿吨、黄金约 3100 吨、石油 80 亿桶。蒙古国目前已进行开采且出口产品的大中型矿主要有：奥尤陶勒盖铜金矿（OT 矿）、塔温陶勒盖煤矿（TT 矿）、额尔登特铜钼矿、巴嘎诺尔煤矿、图木尔廷敖包锌矿、塔木查格油田等。

2015 年，蒙古国 GDP 为 117 亿美元，同比增长 2.3%（按蒙货币图格里克计算）。2011 年，蒙古国 GDP 增幅高达 17.3%，主要受益于矿产行业的快速发展。但是自 2012 年以来，由于国家政治环境较为复杂以及国际大宗商品价格出现暴跌等内外因素，蒙古国经济在 2015 年尤其困难，蒙古货币图格里克近三年年均贬值超过 35%，外汇储备截至 2015 年底仅有 13 亿美元，FDI 同比下降高达 60%。2015 年财政收入仅为 30 亿美元（含外来援助），同比下降 4.8%，全国 CPI 同比增长 6.5%。

中蒙贸易、投资方面，中国已连续 15 年成为蒙古国最大贸易伙伴和外资来源国。蒙古国 90% 的产品均出口至中国，大约 30% 的产品需从中国进口。2015 年，中蒙双边贸易总额 53 亿美元，同比下降 22.5%，占蒙贸易总额的 62.6%；其中自华进口 13.9 亿美元，同比下降 21.4%，对华出口 39.1 亿美元，同比下降 22.9%。我国主要进口产品包括焦煤、铜、钼等矿产品以及羊绒羊毛制品，出口产品包括机械、家用电器、日用品、水果鲜蔬等。

截至 2015 年底，在蒙注册中国企业已达 6500 余家。

中蒙经贸合作前景广阔，潜力巨大

（一）"一带一路"倡议助推中蒙经贸合作上新台阶

2013 年，蒙政府提出建设连接中蒙俄三国的铁路、公路、石油、电力、天然气"五大通道"，2014 年蒙政府改称为"草原之路"发展构想，2017 年 5 月又改称"发展之路"计划。中国"丝绸之路经济带"倡议与蒙古"发展之路"倡议在理念和内容上有高度的契合，这必将推动中蒙经贸合作不断迈上更高台阶。

中蒙政治互信进一步加强。一是高层互访频繁，双边进一步加强两国政府各部门、议会、政党的交流，不断深化互信和各领域务实合作；2014—2015 年两年间，习近平主席与额勒贝格道尔吉总统 9 次会晤，特别是习主席 2014 年成功访蒙，双方一致决定将中蒙关系提升为全面战略伙伴关系，并签署 26 项合作文件，标志着中蒙关系进入历史最好的发展时期；2015年9月3日，蒙总统额勒贝格道尔吉来华参加纪念抗战胜利70周年庆典，11月额勒贝格道尔吉总统访华，并签署了系列合作文件，其中，涉及"一带一路"项目将成为主体。二是中国"丝绸之路经济带"倡议与蒙古"发展之路"倡议的有效对接，将成为中蒙政治互信的"压舱石"和"推进器"。中蒙两国山水相连、人文相亲、口岸相通，地缘优势和经济互补性进一步促进了两国政治互信的加深；"亲戚在于走动，朋友在于往来"，路好路熟了走起来容易，中蒙要做常来常往的好朋友、好邻居、好伙伴，并不断夯实双边合作的政治基础。

中蒙经贸合作进一步拓展。据国家发改委学术委员会秘书长张燕生预计，2014—2020年，中国累计向国外提供的商机将达17万亿美元，对外直接投资存量将突破1.2万亿美元，将为世界其他国家贡献700万个新增就业岗位，对世界经济增长的平均贡献率将达到27%。"一带一路"倡议将用实际行动证明，中国正在为沿线国家和地区带去新的合作机遇和发展前景。

中蒙要做互利共赢的好伙伴，中国的市场、资金、技术、通道和蒙方的资源富集优势互补性很强，"一带一路"倡议更为双边合作提供更多机遇。首先，是以中蒙政府间经贸合作为引领，中国政府为蒙古国提供无偿援助和优惠贷款，其中，一批惠及蒙古国民生的项目将陆续开展，如建设乌兰巴托残疾儿童发展中心项目、建设8所学校和幼儿园项目、电子医疗项目、粮库项目及2015年陆续交付使用和正执行的蒙古国儿童医院、新世纪教育项目、农用大型拖拉机和农机具项目等；涉及"丝绸之路经济带"和"发展之路"对接的一批基础设施建设项目有新机场高速公路、扎布汗省114公里和巴彦洪格尔省129公里两条省际公路、雅玛格立交桥、乌兰巴托交警局路口立交桥、跨图拉河两座钢筋混凝土桥、草原森林防火设备、口岸使用的集装箱和车辆检测设备、亚欧首脑会议物资等。其次，中蒙贸易、投资方面，

孙维仁参赞与蒙古战略研究所国际问题研究中心主任巴扎尔万合影。

中国已连续 15 年成为蒙古国最大贸易伙伴和外资来源国,《中蒙经贸合作中期发展纲要》确定了到 2020 年双边贸易额达到 100 亿美元的目标;中蒙投资贸易博览会于 2015 年 9 月在内蒙古呼和浩特市成功举办,习近平主席和蒙总统额勒贝格道尔吉亲自致信祝贺,在博览会高层论坛上,两国副总理莅临并作主旨演讲,这必将为中蒙经贸合作搭建新的合作交流平台。第三,中蒙俄经济走廊建设、跨境经济合作区建设、未来双边自贸区建设、双边口岸建设、铁路建设、新能源建设、电力建设、现代化信息网建设、农牧业、环境动物保护等领域将陆续开展全方位合作,这些新的合作项目规划,将为两国人民带来实实在在的利益。

中蒙矿产资源开发进一步有效对接。"一带一路"倡议和"发展之路"倡议的有效对接,尤其是蒙的两条南向铁路与中国标准轨对接,必将对蒙矿产资源有效开发，降低成本，扩大对中国出口，增加其财政收入，造福两国人民产生积极效果；在矿产资源开发上，要以促进蒙经济发展和产业升级为先导；在合作方式上，宜采取开发和深加工相结合、投资与贸易相结合；同时，注意矿产资源开发的全球化，积极开展国际合作。中国积极为蒙解决长期关心的过境运输、出海口等问题，双方成立了矿能和互联互通合作委员会，我们深信，这必将对中蒙矿产资源开发产生积极作用。

中蒙金融合作进一步提高。目前已经有 70 多个国家和国际组织表达了合作的意愿，30 多个国家同我们签署了共建"一带一路"合作协议。金融支持基本到位，去年中国企业在"一带一路"沿线 48 个国家投资累计达 120 多亿美元，同比增长 66.2%；在"一带一路"的战略上，中国还主动拿出了真金白银。出资 400 亿美元设立的丝路基金，首批投资项目已经正式启动；中方发起成立 1000 亿美金的亚洲基础设施投资银行已经开业运营，目前《亚洲基础设施投资银行协定》签署国已增至 53 个，遍及亚洲、欧洲、非洲、南美洲和大洋洲，在全球范围内掀起一股"亚投行热"。无论是亚投行还是丝路基金，其目的都是解决"一带一路"建设的资金问题。中国的经济增长是全方位开放，"引进来"和"走出去"并重，凸显与发展中国家加强经济合作。中国不仅要打造国内经济的升级版，亦希望通过"一带一路"倡议打造对外开放的升级版，实现改革发展与对外开放的良性互动。中蒙双边本币互换规模已扩大至 150 亿元人民币；中国银行已在蒙设立办事机构，正准备申办经营性机构设立子行；中国工商银行也正准备设立办事机构。"巧妇难为无米之炊"，目前，蒙古国的经济财政困难是暂时的，但国家建设正需要大量的资金；随着中国"丝绸之路经济带"倡议与蒙古"发展之路"倡议的有效对接，将有大批的基础设施建设实施，有大量的矿产资源开发和深加工将需要推进，这必将进一步促进中蒙金融合作的大幅提高。

2016 年 5 月，商务部部长高虎城（中）访蒙期间，与驻蒙使馆经商处全体人员合影。

　　中蒙人文交流进一步广泛。（1）国之交，在于民相亲。民心相通是人文交流原动力，其中包括教育、旅游、医疗、科技、文化等多层面的合作；中方欢迎更多的蒙方公民赴华留学、旅游、经商、就医等，从 2015 年开始至 2020 年，将向蒙方提供 1000 个培训名额，增加提供 1000 个中国政府全额奖学金名额，为蒙古培训 500 名留学生，邀请 500 名蒙方青年访华，邀请 250 名蒙方记者访华，并向蒙方提供 25 部中国优秀影视剧译作。（2）2015 年，中国商务部将蒙古国政府官员和有关部门的专业技术人员共 446 人请到中国进行为期 1 个月左右的短期专业技术培训，涉及农业、医疗、体育、食品卫生、气候变化、广电、通讯、贸易管理、生态保护、金融合作、技术监督等 58 个不同类型的培训班；在乌兰巴托先后举办了中蒙建交 65 周年《东方之风》音乐会、"丝路情"大型歌舞晚会、中国茶文化"电影周"、安徽摄影精品展等，相信这将对增进两国人民的相互了解和友好感情发挥重要促进作用，必将促进更多的经贸领域新合作。

（二）中蒙经贸合作中需要注意的几个问题

十多年来，中国一直是蒙的第一大贸易伙伴和最大的投资来源国之一。但如何开展好中蒙经贸合作，特别是中国企业到蒙投资，现提出以下几点建议，供参考：

1. 熟悉政策，依法经营。中国来蒙投资者应充分考虑法律环境的复杂性和不稳定性，蒙古国法律修订频繁，企业到蒙古国投资首先应该注意法律环境问题，积极就蒙古国的整体投资环境和相关行业法律法规进行深入调研和评估，切忌盲目从众；同时，密切关注当地法律变动的情况，及时调整决策和部署；建议在当地聘请律师作为公司法律顾问，处理所有与法律相关的事宜。企业管理人员要熟练掌握蒙的投资法、税法、环保法，如投资矿产资源要掌握矿产法，并了解其他相关法律法规，依法经营，照章纳税。目前，在蒙的增值税、企业所得税和个人所得税三种税的基本税率均为10%，关税为5%。

2. 规避风险，注重质量。中蒙经贸合作应从数量型向质量型转变，我们应加强对企业管理人员和外派劳务人员的培训，企业"走出去"要建立一批适应国际投资和国际合作、国际贸易的经营管理人才，以适应日趋激烈的国际经贸合作竞争；加强劳务人员培训，提高他们的技术水平和综合素质，打造适应国际劳务市场要求的劳务队伍。做一个项目，就要符合国际标准，经得起时间的考验，树立一个品牌，影响一个区域，赢得对方的赞扬，树立中资企业和我们国家的良好形象。

在蒙注册公司要慎重，虽然注册公司手续相对简单，但退出机制繁琐。事前，一定要做好对项目的可行性研究，慎重决策后再启动公司的注册手续；注册要到国家登记总局办理，对申报材料做到心中有数，事后核实，不要找熟人或中介公司办理，以免事后引发争议或纠纷。同时，要做好企业经营成本核算。虽然蒙古国的几个税种税率较低，从投资项目看利润丰厚，但由于蒙古国政府部门办事周期长、效率低、成本高等因素，最关键的是，目前蒙还没有完全形成自成体系的本国规范标准，往往因人而异，采取不同规范使政府部门的监督检查出现不同的标准，这样，使企业实际的经营成本会很高。尤其是资源开发、基础设施等建设项目，由于气候原因，每年的施工期短，企业如不掌握蒙古国实际市场情况，将会导致在经营中陷入进退两难的境地。

鉴于中蒙合资公司发生的问题较多，且发生纠纷后很难解决，特提醒中国到蒙投资的公司或个人和蒙方合作伙伴成立合资公司要特别慎重，注意防范风险。

3. 互利双赢，惠及民生。中蒙经贸合作尤其是投资蒙的大型项目，在取向上要注重互惠互利双赢，以促进蒙古国的经济发展和产业升级及惠及民生为宗旨；在合作方式上，采取资源开发与深加工相结合、投资与贸易相结合、工程承包与生产合作相结合等多种合作方式并举。我企业还应以开放的姿态和包容的胸怀，把中蒙的经贸合作由双边向多边拓展，以减少其过分依附一国的担心。

4. 以人为本，重视环保。矿产资源开发对环境影响较大，我企业在蒙开矿应把环保问题放在首位，尊重当地牧民崇尚自然的风俗习惯，保障当地居民的根本利益，要达到矿区绿化和生态回归自然效果。中蒙两国是近邻，山水相依，生态环境共享，所以，在两国重大项目的合作中，保护好蒙古国的自然环境，在某种程度上就是保护好中国北部的生态环境。通过中蒙双边和多边有效的经贸合作，不仅要达到互惠、互利、双赢、多赢，而且应该促进蒙古国的产业升级、技术进步、人们生活水平提高、经济和社会的可持续发展。

5. 借力生财，传递正能。我企业"走出去"，首先就要掌握所在国的各方面情况，最好最有效的途径是到中国驻该国大使馆尤其是经济商务参赞处获取第一手资讯和经贸政策法规，也可从使馆经济商务参赞处网站获取相关信息，这样，企业可少走弯路，借力生财。我在蒙的许多企业做了许多惠及当地民众的好事，但通过当地新闻媒体宣传得不够，如何把正能量及时地传递出去，学会和当地的新闻媒体打交道，也是摆在我企业面前的新课题。中国银行乌兰巴托代表处在蒙设立"中蒙文化教育基金"和"中蒙社会发展基金"，既做了大量惠及当地民生、帮助困难学生上学等公益事业，也为我企业"走出去"做好宣传，传递正能量，树立了中资企业的良好形象。

中国"丝绸之路经济带"倡议与蒙古"发展之路"倡议的有效对接，必将惠及两国民众。中国始终把包括蒙古国在内的周边邻国视作促进共同发展的合作伙伴、维护和平稳定的真诚朋友。我们将继续坚持与邻为善、以邻为伴的方针，坚持睦邻、安邻、富邻的政策，在同邻国相处时秉持亲、诚、惠、容的理念，实现共同发展，合作共赢，不断增进两国人民的福祉。

交流篇

草原情意长，中蒙友谊深

邢海明（中国驻蒙古国大使）

　　2015 年 8 月 22 日对我来说是一个具有特殊纪念意义的日子。这一天，我受中华人民共和国主席习近平任命，出任第 16 任中国驻蒙古大使，正式抵蒙履新。蒙古对我来说并不是个陌生的国度。我曾在中国外交部长期主管东北亚方向工作，中蒙关系是我的主管工作之一。2014 年，我全程参与了习近平主席访蒙的各项准备工作。习主席此次访问具有重大历史意义，双方建立全面战略伙伴关系，推动中蒙关系进入历史最好时期。在这一时刻出任驻蒙古大使，我更加深感使命光荣、责任重大。到任以来，我积极开展各项工作，同蒙古各界朋友建立了良好的工作关系和个人友谊。同时，我多次赴蒙古地方省份访问，深入蒙古最普通的人家做客，了解这个辽阔国度，体会蒙古风物人情，

2015 年 8 月 25 日，邢海明大使在蒙古外交部礼宾司司长特格希扎尔格勒陪同下检阅蒙军仪仗队。

传去中蒙友好与合作的佳音。我深深感到，知音最是邻家好，真情重于万两金，中蒙两国人民的友谊已经实实在在地在蒙古大地开花结果。借此机会，我愿同大家分享几则在蒙古遇到的感人肺腑的故事。

岁寒知松柏，患难见真情

2015 年 8 月 12 日，天津市滨海新区发生重大火灾爆炸事故，造成巨大人员和财产损失。事故发生后，蒙古国总统额勒贝格道尔吉、总理赛汗比勒格即分别向习近平主席、李克强总理致电，转达蒙古人民对中国人民的深切慰问。

8 月 22 日，我抵达蒙古履新的当天，就收到了许多蒙古朋友的来信，他们在信中纷纷表示对此感同身受，愿提供力所能及的帮助，表达对中国人民的友好情谊。这其中，蒙古甘帝尔斯集团总经理额尔登楚龙女士的来信让我尤为感动。她在信中说：

我对中国天津港发生的重大爆炸事故所造成的损失感到难过，对此表示慰问。蒙古人民十分关注友好邻邦发生的令人痛心的重大事故，我们深信在中国政府领导下，事故一定能够得到妥善处理。中国加油！

中国是蒙古最重要的邻国和合作伙伴。在中国政府的正确领导下，勤劳的中国人民创造了举世瞩目的成就，蒙古人民就是这些成就最直接的见证者和受益者。我是一个普通的蒙古女商人，和其他许多蒙古民众一样，在过去 20 年间，亲身经历了两国经贸、人文、医疗、教育等各领域关系的发展，从中受益匪浅。蒙古有句谚语叫作"别人富足的时候送去的牛羊不如他困难时送去的针线"，我觉得自己不能对中国朋友眼下正在遭遇的痛苦坐视不管。患难才能见真情！虽然我和我们公司力量有限，但只要人人都献出一份爱，我们就能够让中国人民真切感到蒙古朋友与他们同在。因此，我们希望邀请事故伤员到蒙古国

邢海明大使向额勒贝格道尔吉总统递交国书。

疗养，让他们尽快调适心情，摆脱灾难带来的阴影，共同寻找工作、生活、人生新的启迪。我们能做的固然有限，但我相信心灵的力量是无限的，希望中国朋友接受我们这份真情实意。

额尔登楚龙女士的来信诚恳感人，充分体现了蒙古国人民对中国人民的友好情谊，令我十分感动。我立即着手起草了亲笔信，邀请额尔登楚龙女士到使馆做客，当面向她表示感谢。两天后，额尔登楚龙女士带着她在中国留学的小儿子一起来到使馆。她说：蒙中人民的友谊源远流长。随着蒙中关系不断发展，两国各领域联系与合作也日益紧密。许多蒙古人到中国旅游、学习、经商、就医。我的公司与中国有许多生意往来，孩子在中国传媒大学学习了五年，承蒙中国朋友们的培养和照顾，孩子学有所成，我十分欣慰和感激。此次中国天津发生重大事故，我觉得很揪心，特别希望表达自己的一份心意，就试着给邢大使写了封信。没想到大使先生这么快就给我回信并亲切地在大

邢海明大使递交国书后，中国驻蒙使馆为其举行庆祝仪式。图为邢大使和蒙古外交部礼宾司司长特格希扎尔格勒（右3）与使馆武官包玉海大校（左3）、经商参赞孙维仁（左2）、文化参赞李薇（右2）等合影。

使馆接见我们，我感到特别激动。这说明，我们的真情实意，中国人民都能感受到。

我对额尔登楚龙女士表示：我刚刚抵达蒙古，就感受到了蒙古朋友的热诚和友好，对此十分感动。中国人常说，患难时刻见真情。你的真切情感，恰恰就是千千万万友好的蒙古人民的代表和缩影。我相信，在两国和两国人民的共同努力下，中蒙关系的明天一定会更加美好。

铭记历史，携手前行

2015年，我们隆重举行了纪念中国人民抗日战争暨世界反法西斯战争胜利70周年活动。蒙古国总统额勒贝格道尔吉应习近平主席邀

2015 年 9 月 3 日，在纪念中国人民抗日战争暨世界反法西斯战争胜利 70 周年阅兵式上，蒙古国武装力量方队走过天安门广场接受检阅。（供图：中新社）

请赴华出席了此次活动，蒙军还派出 80 人组成的方队参加了在天安门广场举行的阅兵式，充分体现了两国全面战略伙伴关系的高水平。

70 年前，中蒙两国人民曾并肩作战，共同反抗日本法西斯侵略，结下深厚友谊。多名蒙军战士献出了宝贵生命，长眠在中国的土地上。他们的英雄事迹成为中蒙友谊史上不朽的丰碑，中国人民不会忘记。为表彰蒙军老战士为中国人民抗日战争胜利所作出的贡献，中方决定，由驻蒙古大使为依然健在的蒙军老战士代表颁发中国人民抗日战争胜利 70 周年纪念奖章。

9 月 28 日下午，我在中国驻蒙古国大使馆举行仪式，为 5 名蒙军老战士代表颁发奖章。仪式现场庄严肃穆，来自蒙古外交部、国防部等政府部门的高级代表以及中蒙各界友好人士、新闻媒体代表等近百人出席。我在致辞中表示："为纪念中国人民抗日战争暨世界反法西斯战争胜利 70 周年，中国政府决定向参加过中国人民抗日战争的蒙军老战士代表授予中国人民抗日战争胜利 70 周年纪念奖章，以表彰你们为中国抗战胜利作出的历史功勋。我相信，两国和两国人民将秉承先烈精神，共同致力于两国友好关系的发展，致力于地区和国际和平、稳定、发展的事业，不断取得新的更大发展。"随后，我走上前去，为老战士们一一戴上纪念奖章。

这 5 名蒙军老战士都是当年随苏蒙联军入华参加对日作战的老兵。当年血气方刚的小伙子，现在已经基本上都是耄耋之年的老人。佩戴上奖章，老兵们神采奕奕，仿佛又回到了当年英雄的战场，回到了那个激情燃烧的岁月。他们当中年龄最大的一位老人已经接近百岁，他身体不好，大夫劝他卧床休息，但是老人不听，坚持要在孩子们的搀扶下到使馆接受奖章。老人握着我的手说：我现在年纪大了，腿脚都不灵光了，但是每每合上眼睛，我都能回忆起战友们，回忆起曾经帮助和支援过我们的中国人民，他们的脸庞都是那么清晰，仿佛我们直到昨天才分离。二战就是光明与黑暗、正义与邪恶势力之间的殊死较量，我曾经同中国人民一道共同反抗日本侵略者，作出了一些贡献，这是我一生的骄傲。我万万没有想到，70 年过去了，中国人民仍然没有忘记我们。这枚奖章不仅仅是我们个人的至高荣誉，也是蒙中两国人民友谊的象征。我感谢中国，感谢中国人民。我一定要教育好我们的子孙，让他们铭记历史，把今天的蒙中友谊传承好、发扬好，在各自不同的岗位上为蒙中关系发展作出贡献。

中蒙友谊情谊长、暖人心

2015 年 12 月，我应蒙古国后杭爱省省长巴特额尔登邀请，对后杭爱省进行了友好访问。此次访问是一次难忘的友谊之旅、合作之旅。

后杭爱省位于蒙古国中西部，得名于杭爱山脉，省会为策策尔勒格市，距离乌兰巴托市约 500 公里。27 日一早，我们一行伴着星光明月，满载着中蒙友谊踏上了旅程。冬天的蒙古是名副其实的"雪国"，一路上千里冰封、积雪皑皑，白色和寒冷是自然的主旋律，但这却丝毫未影响蒙古朋友的热情和中蒙友好的温度。后杭爱省政府办公厅主任勒哈格瓦苏伦等代表省政府，驱车 100 多公里来到前杭爱省哈拉和林迎接我们，为远道而来的客人献上蓝色的哈达和美好的祝福。我们还未到后杭爱省境内，便已感受到了后杭爱省人民的热情好客和深情厚谊。

到达后杭爱省后，我们同该省省长、公民代表大会主席（相当于省人大常委会主任）分别举行了亲切友好的会见。两位省领导谈起中蒙合作来兴致勃勃，十分欢迎中国企业到后杭爱省投资兴业，多次表示后杭爱省将提供多种优惠政策，为中资企业提供良好投资环境，实现互利共赢。第二天中午，巴特额尔登省长专程从市里赶到郊外，邀请我们一起野餐，体验蒙古的美丽风光。按照他的话讲，这是给后杭爱省的旅游"打广告"。当地的蒙古朋友特意带来从塔米尔河钓的鲜鱼和从山里打的野味，在冰天雪地里支起火炉，炖鱼汤、烤野味。在清澈的塔米尔河畔，大家席地而坐，畅叙友情。

第三天，我们在巴特额尔登省长陪同下前往当地英雄牧民巴特尔家做客。朴实好客的巴特尔和妻子准备了丰盛的奶食和熟肉献给客人，两个小女儿还一展歌喉，用歌声欢迎我们的到来。我代表使馆向他们赠送了新年礼物。巴特尔十分感激，高兴地向我回赠了一匹骏马。巴特额尔登省长看到这欢乐的一幕，当场下达"重要指示"：任命巴特尔为中国大使馆的荣誉牧民，负责为使馆朋友们供应鲜美的牛羊肉。这一幽默的玩笑引得在座的朋友们阵阵欢声笑语。

最令人难忘的是走访后杭爱省蒙中友好第四幼儿园。听说中国大使要来，幼儿园的小朋友们早已盛装打扮，兴高采烈地列队欢迎。小

2018 年 6 月 10 日，上海合作组织成员国元首理事会第十八次会议在青岛国际会议中心举行。图为中国国家主席习近平同与会各方会前在迎宾厅集体合影，左 1 为蒙古国总统巴特图勒嘎。（供图：中新社）

朋友们献上民歌、舞蹈和摔跤表演等节目，精彩纷呈、活泼可爱、天真无邪。现场温馨欢快，其乐融融。幼儿园园长向我们介绍了该园的基本情况，表达了同中方进一步开展教育合作的愿望。我当即表示，孩子们是后杭爱省的未来，是蒙古国的未来，也是中蒙友好关系的未来，请老师们告诉孩子们，在你们的南方有一个友好近邻—中国，中国将与你们同呼吸、共命运，一起发展、一起进步。中国大使馆将一如既往地大力支持该园发展，愿进一步加强同后杭爱省教育领域合作。中方明年将在后杭爱省援建一座新的现代化幼儿园，与蒙中友好第四幼儿园比翼双飞，成为中蒙友谊的摇篮。我们向幼儿园赠送了两台笔记本电脑及其他教学用品和玩具。园长激动地表示：邢大使的礼物真是"雪中送炭"，这是来自中国人民的友好情谊。我们将充分用好这些教学设备和捐赠，进一步提高和改善教学质量，积极传播中国文化，把孩子们培养成蒙中友谊的小使者。园长还亲自为我穿上蒙古坎肩，这件坎肩是幼儿园老师们合力花了一周时间赶制而成，一针一线饱含深情。园长按照蒙古习俗，给坎肩抹上奶食，并祝愿中蒙友好更多开花结果，深入人心。

天下没有不散的筵席。短暂的后杭爱之行很快结束，我们踏上归程返回乌兰巴托。幼儿园园长、教师和小朋友们依依不舍，园长和几位教师代表驱车同行，赶到几十公里外送客，再次献上洁白的奶食，端上祝福的美酒，祝我们一行一路平安、祝友好情谊万古长青，并盛情邀请我们再次访问后杭爱。

以上这些，都是来自蒙古普通百姓的真实故事。但是，我从中感受到了蒙古人民的深情，更加坚定了对中蒙世代友好的信心。我相信，在双方共同努力下，中蒙全面战略伙伴关系一定会取得更大发展，造福两国和两国人民。

中蒙友谊的那些人那些事

霍　文（人民日报国际部记者）

就在十几年前去蒙古国工作之前，身为土生土长的内蒙古人，我对这个近在咫尺的北方邻国的印象，也只停留在书本上只言片语的描述。"冬季寒冷""经济文化尚欠发达"是我脑海中关于这个国家的关键词。直到 2005 年 3 月 8 日踏上这片神秘土地的那一刻，我有幸亲身感知这个国家，也开始了与这个草原国度的不解之缘。

2005 年 3 月至 2014 年 1 月，我担任人民日报驻蒙古国记者。期间，我采访过蒙古国总统、总理、国家大呼拉尔主席（议长）这些被人们称为"三巨头"的高官，也采访过专家、学者、教师、牧民等各行各业的普通人物；采访过我国高层领导人的友好访问，也采访过中蒙两国间的友好交流活动。这其中，关于中蒙两国友谊的那些人那些事，时常萦绕在我的记忆中，令我终生难以忘怀。

中国医生让蒙古患者重见光明

2009 年 6 月 25 日下午，蒙古国首都乌兰巴托晴空万里，阳光明媚。乌兰巴托市第一医院住院部的院子里热闹非凡，"中蒙友好光明行"活动启动仪式正在这里举行。时任中共中央政治局常委、中央纪委书记贺国强和蒙古国卫生部长兰巴等中蒙两国官员，以及中国医生和蒙古患者共同见证了这一惠及蒙古民生的援助项目的启动。

就在几天前，由中国人民对外友好协会率领、北京同仁医院 5 名著名眼科医生和护士组成的医疗小组为 50 名蒙古国白内障患者实施

为蒙古国患者实施白内障手术的北京同仁医院的
天使们与乌兰巴托市第一医院医生合影留念。

了手术治疗，使他们重见光明。这其中最令人欣慰的，是这次活动改
变了一位年仅 6 个月的蒙古女孩可能永久失明的命运，她的名字叫乌
仁托娅。

　　乌仁托娅来自距首都乌兰巴托 1000 公里的库苏古尔省，她患有
先天性白内障，手术前双眼不追光，瞳孔是白色的；手术后可追光，
跟踪物体。手术后，她可配镜进行弱视训练，2 岁至 3 岁时植入人工
晶体，坚持弱视训练后可恢复一定视力。如果不是这次光明行活动，
她将失去治疗时机。如果再大一些，即使一岁时做白内障手术，她也
不能恢复视力。

　　负责"中蒙友好光明行"的同仁医院眼科医生胡爱莲向我介绍，
此次活动为蒙古国 100 多名眼病患者做了检查，年龄最大的为 93 岁，
实施手术年龄最大的为 86 岁。许多年龄大的病人手术时需要搀扶，手

2009 年 6 月 25 日，接受白内障手术的蒙古国最小患者、年龄仅半岁的女童乌仁托娅由外婆带着来到"中蒙友好光明行"活动仪式现场。

术后重新见到了光明。接受手术者中 71% 的患者为 60 岁以上。

胡爱莲医生清楚地记得，有一位术后复明的老人动情地拉着她的手说，能够重新看到美丽的世界太高兴了，希望另一只眼睛也能够复明。另一位患者术后复查时，身着蒙古民族盛装，手捧鲜花感谢中国医生。在他与胡医生相拥的瞬间，泪水同时从两个人的眼角滑落，一个是重见光明后发自内心的激动的泪水，一个是无私奉献收获喜悦的泪水。这一场景感动了在场的每一个中国人和蒙古人。

在蒙古国气象局工作的 74 岁的苗格玛尔扎布博士清楚地记得，中国医生仅用 20 分钟就为他成功实施了右眼白内障手术，安装了人工晶体，让他重新看到了五彩的世界。苗格玛尔扎布博士向记者道出了中国医生举行义诊活动的意义："中蒙友好光明行活动对蒙中两国人民的相互理解非常有意义。这次活动让蒙古老百姓得到了实实在在的好处，进一步推动了蒙中两国的友谊。"

"中蒙友好光明行"活动受益者虽然仅仅是成千上万白内障患者中的一小部分，但这是中蒙两国医务人员携手共同开展防盲治盲工作的开始。"光明行"活动播撒光明、传播友谊，让蒙古国人民感受到中国医生精湛医术的同时，也让他们看到了中国人民对蒙古人民的友好情谊，为中蒙建交 60 周年献上了一份厚礼。

汶川地震后，蒙古民众"与您同心"

2008 年 5 月 12 日，中国四川汶川发生强烈地震，损失严重。第二天，时任蒙古国总统恩赫巴亚尔、总理巴亚尔就汶川发生地震分别向胡锦涛主席、温家宝总理致慰问电，主要内容是："惊悉贵国四川省发生地震，造成重大人员伤亡和财产损失，我谨代表蒙古人民并以我个人名义，向阁下并通过阁下对贵国人民表示深切慰问。"

几天后，蒙古外交部宣布，该国政府将向中国四川省地震灾区捐赠 5 万美元现金，用于灾区的抗震救灾。蒙古国的许多单位和个人纷纷伸出援助之手。如中蒙交界的蒙古东戈壁省扎门乌德海关 100 多名工作人员捐出了 1 天的工资，以此表达对中国灾区人民的一份爱心，希望灾区人民渡过难关，早日重建家园。

我清楚地记得，2008 年 5 月 15 日一大早，捐款的人们聚集在我驻蒙使馆门前。蒙古政府机关一对退休夫妇挤进驻蒙使馆门前捐赠的人群，老两口捐赠的是各自两个月的退休工资。到我驻蒙使馆捐款的蒙古市民有年逾八旬的老人，也有父母陪伴下的稚嫩孩童。他们都发自内心地向灾区人民表达了精神上的支持，提供了物质上的帮助。

5 月 20 日早晨，时任蒙古国家大呼拉尔主席（议长）龙代姜灿、外交部长奥云等蒙方官员一行专程前往中国驻蒙大使馆，代表蒙古政府和人民为四川"5·12"地震中的遇难者致哀。我驻蒙使馆原本计划

2009 年，蒙古国时任总理巴亚尔邀请中国四川地震灾区中学生赴蒙古休养。图为当年 7 月 30 日，四川地震灾区的孩子们在位于乌兰巴托郊区的蒙古国"友谊"儿童夏令营。

举办三天的哀悼活动，由于每天不断有蒙古市民自发来使馆吊唁、捐款，最后不得不延长到半个月。

5 月 28 日，中国驻蒙古大使余洪耀通过蒙古公众广播电视台等主流媒体，代表中国政府和人民对蒙古政府和社会各界对我四川地震给予的关注、慰问和援助表示感谢。余大使动情地说："患难见真情。蒙古人民所给予我们的无私支持充分说明了中蒙两国和两国人民之间的友谊具有坚实的基础。中国人民永远不会忘记在困难时刻提供无私帮助的蒙古人民。"

汶川地震发生后不久，由蒙古国际新闻记者、著名诗人达希泽布格作词，著名艺术家哈扬海日瓦作曲，专门为四川地震灾区创作的歌曲《蒙古民众与您同心》很快诞生，并在乌兰巴托歌剧舞剧院举办的文艺晚会上演唱。

2009 年 7 月 30 日，蒙古国时任副总理米耶贡布·恩赫包勒德（右 4）在蒙古国"友谊"儿童夏令营与中国四川地震灾区的孩子们共同起舞。（右 1 为时任中国驻蒙古国大使余洪耀）

　　歌中唱道："痛心疾首的惊叹，心中的悲痛多想对您说，天旋地转的灾难，深爱的人们生命遇到了难关。朋友们，不会有孤独的苦难。您的痛苦，我来分担。我的痛苦，有您扶搀。蒙古人民心痛何堪。"如泣如诉的歌声表达了蒙古人民对中国人民的深情厚谊。

　　汶川地震一年多以后，2009 年 7 月 30 日，乌兰巴托成吉思汗国际机场迎来了中国四川地震灾区的 60 名中学生。他们是应蒙古国时任总理巴亚尔的邀请来这里度假休养的。

　　7 月 31 日下午，巴亚尔总理在百忙中抽出时间，邀请来自四川地震灾区的 60 名学生到国家宫礼仪宫做客，与中国学生共叙友谊之情。礼仪宫是蒙古接待最尊贵客人的地方，被认为是国家宫中最庄严的地方。主人首先请蒙古著名的马头琴乐师演奏悠扬的乐曲，向小客人们表达最真诚的欢迎之意。

巴亚尔总理发表了热情、真诚的讲话："去年中国四川遭受了大地震，给灾区人民造成了重大损失，许多孩子因此成为孤儿，蒙古人民对灾区人民非常同情。希望你们勇敢地面对未来，创造更加美好的明天。"

巴亚尔讲话后，来自四川灾区的孩子们畅谈了来到蒙古国两天多的感受。四川绵阳安县中学的林城同学告诉巴亚尔总理："蒙古同学对我们很热情，我相信在这次活动中，一定会与他们和睦相处，做好中蒙两国文化交流的小使者。"

中方代表团团长邹明远表示，此次访问不仅能愉悦孩子们的身心，消除地震留下的阴影，还将进一步增进中蒙两国人民特别是青少年之间的相互了解和友谊，丰富中蒙友好合作关系的内涵。

当中国人民遭受巨大灾难和痛苦的时候，我们的北方邻国蒙古人民无论在物质上还是精神上都给予了极大的支持，再一次表明睦邻友好永远是中蒙两国关系的主旋律。

蒙古国雪灾，中国动用军机"雪中送炭"

2009 年底至 2010 年初的冬天，蒙古国发生了 30 年不遇的冻灾雪灾。全国 21 个省份中，有 17 个省的 9.75 万户牧民受灾，直接经济损失约 3600 亿图格里克（按当时汇率约合 2.5 亿美元）。雪灾导致 8700 多户牧民成为"无畜户"，约 3.3 万户家庭的牲畜死亡过半。这场灾害总共造成 840 多万头只牲畜被冻死，至今让蒙古人民心痛不已。

那是 2010 年 1 月，新年刚过，蒙古人都忙着准备过春节，蒙古的多个省份出现了罕见低温和大雪灾害性天气，全国 90% 的省份被雪覆盖，一半以上省份受灾。据气象部门预告，未来蒙古还有降雪和暴

2010 年 2 月 1 日上午，蒙古国副总理米耶贡布·恩赫包勒德（前排右 3）、中国驻蒙古国大使余洪耀（前排右 5）在乌兰巴托成吉思汗机场出席救灾物资交接仪式。

风雪天气，灾情可能继续加剧，受灾地区范围可能扩大，灾区牧民的生命和财产面临严重威胁。

1 月下旬，蒙古国紧急情况总局在首都乌兰巴托通报灾情。负责人恩赫阿木尔向媒体介绍说，蒙古全国 21 个省中有 12 个省的 65 个县灾情严重，这些地区的积雪厚度达 40 厘米至 120 厘米，雪灾冻灾每天导致数千头／只牲畜死亡，且已经损失了 185 万头／只牲畜。目前的状况如果持续下去，在春天到来之前，预计将有 500 多万头／只牲畜死亡。

蒙古国对外关系部长赞登沙塔尔也向外国驻蒙使节通报了灾情，并代表蒙政府呼吁国际社会提供援助。蒙政府最大的担心是灾区的牲畜草料严重不足，牧民的食品、药品和御寒衣被十分短缺。由于牧区基础设施落后，牧民居住分散，救灾工作难度很大。

1月26日，中国商务部副部长傅自应紧急约见蒙古国驻华大使苏赫巴托，通报中国政府决定向蒙古灾区提供价值1000万元人民币救灾物资，同时对蒙政府和人民表示深切同情和慰问。中国是蒙政府呼吁国际援助后，第一个向蒙古提供紧急物资援助的国家。

2月1日上午，带着中国人民的友好情谊，满载汽油发电机、方便面、棉被、压缩食品等救灾物资的中国空军三架运输机徐徐降落在乌兰巴托成吉思汗国际机场。三架运输机还于当天下午返回祖国，将剩余救灾物资全部运抵乌兰巴托。

时任蒙古国副总理、紧急情况委员会主席米耶贡布·恩赫包勒德和对外关系部国务秘书朝格特巴亚尔、农业部长巴达姆朱代以及中国驻蒙大使余洪耀等蒙中两国官员早已等候在乌兰巴托成吉思汗国际机场，军乐队奏响了中蒙两国国歌，中国政府向蒙古提供救灾物资交接仪式在这里举行。

余洪耀大使在交接仪式上说，为帮助蒙古国渡过难关，中国红十字会已向蒙古红十字会提供3万美元现金的无偿援助，中国政府决定向蒙古国提供1000万元人民币救灾物资，这是中蒙两国友好关系的具体体现。他衷心祝愿蒙古国灾区牧民早日战胜灾害，恢复农牧业生产。

恩赫包勒德副总理说，蒙古国遭受了多年不遇的严重雪灾，牧区人和牲畜都遇到了前所未有的困难。中国政府向蒙古国无偿援助救灾物资，真是雪中送炭。他感谢中国政府提供的人道主义援助，"虽然中国内蒙古、新疆部分地区也发生了雪灾，但中国政府向蒙古国伸出了援助之手，这是蒙中睦邻友好关系的具体体现"。

患难见真情。让蒙古国人民深感欣慰的是，当他们遭受严重自然灾害的时候，他们的邻国中国政府和人民义无反顾地伸出援助之手，及时为灾区人民送去救灾物资，最大限度地减少了人员和财产损失，帮助灾区人民渡过难关，这必将载入中蒙友好关系的史册。

2010 年 2 月 1 日上午，蒙古国紧急情况总局人员在乌兰巴托成吉思汗机场接收中国援助的救灾物资。

蒙古国唯一中文报纸《蒙古消息报》

2009 年 9 月 1 日是《蒙古消息报》（中文版）创刊 80 周年纪念日。这一天，蒙古通讯社（蒙通社）在首都乌兰巴托举行了隆重的庆祝仪式，社长巴桑苏伦、《蒙古消息报》社顾问其米德策耶以及中国驻蒙使馆官员百余人参加了庆祝活动。

时任蒙古国总理巴亚尔发来热情洋溢的贺信。信中说，《蒙古消息报》为加强蒙中两国的友好关系，增进两国人民的相互了解和理解作出了宝贵贡献，希望今后继续为蒙中友谊作贡献。

庆祝会上，蒙古记者协会表彰了为《蒙古消息报》作出贡献的优秀记者。部分退休记者向报社赠送了礼物。曾在《蒙古消息报》工作

1958 年 10 月 1 日的蒙古人民共和国中文报纸
《工人之路报》（现《蒙古消息报》中文版）头版

15 年的康·那圣道尔吉向报社赠送了自己珍藏的中国"神舟"2 号飞船模型，并发表了热情洋溢的讲话，他说，能够在中文报纸工作感到无比荣幸。

《蒙古消息报》（中文版）是蒙古国唯一的国家级中文报纸，报社现在是蒙古国家通讯社——蒙通社的下属机构。该报前身是《工人之路报》，1929 年 9 月 1 日由蒙古工会为广大旅蒙华侨创办。1964 年 10 月，《工人之路报》更名为《蒙古消息报》，并由蒙古通讯社主办。

《工人之路报》是继蒙古人民革命党中央机关报《真理报》之后，在蒙古国出版的第二种报纸。在该报早期的读者和投稿者中，不乏中国老一辈革命家，如中华人民共和国国歌的曲作者冼星海、中国驻蒙首任大使吉雅泰、新中国首任空军司令员刘亚楼将军等。上世纪三四十年代，他们都曾在乌兰巴托市生活过，也都热心参与过《工人

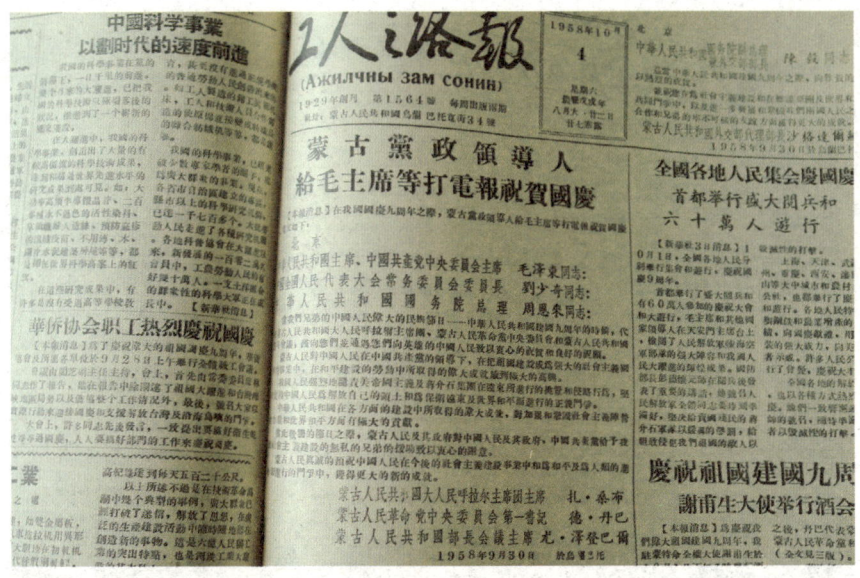

1958 年 10 月 4 日的蒙古人民共和国中文报纸
《工人之路报》头版

之路报》的工作。

那个年代的《工人之路报》主要介绍当时蒙古人民共和国的形势，大力宣传蒙古人民的建设事业，以及蒙古人民一道并肩努力，积极支援苏联的卫国战争。在此期间，该报真正起到了组织者和宣传者的双重作用。很多华侨工人由于劳动成绩显著，受到蒙古政府的高度评价，许多人荣获了蒙古国的勋章和奖章。

随着时代的发展，《工人之路报》的报道方向和任务也有所改变。进入上世纪 50 年代后，蒙中关系有了很大的发展。根据蒙中两国政府的协定，大批援蒙中国员工来蒙古参加生产建设。考虑到这一特点，《工人之路报》曾经一度由蒙古工会转交中方主办。报纸上刊登好人好事表扬信，鼓励广大中国员工超额完成生产计划。

据曾在该报社工作的鲁·塔尼亚回忆说，她 1964 年 10 月进入中文版《蒙古消息报》社工作，担任翻译编辑一职。最初的印刷技术不是很完善，印刷工作大都是手工完成。每次印刷之前，要先铸字，然后将铸好的字进行手工排盘，根据版面把已排版的字放好，进一步检查确定后再转交印刷。印刷时有的字会跳动，会压住旁边的字，出现印刷模糊的问题。在遇到重大节日时，报纸会出版彩色版。

曾于1977年至1990年在《蒙古消息报》任翻译编辑的哈·策格米德回忆说："刚毕业不久进入报社，我觉得能与汉语界的杰出人士一起工作是千载难逢的机会。我从他们身上学到了很多珍贵的东西，明白了怎样体现人生的价值。我现在回想起来感到无比荣幸。他们是能用中文做优美的文字编辑的翻译家，是我'生活大学'的优秀教师！1979年开始，报纸转到国际印刷厂，利用当时最现代化的照排技术排版印刷并出版。报纸每周出版一期，全年共出版发行52期，每年要制作合订本。"

1991年起，因种种原因，《蒙古消息报》中文版停刊七年。1998年9月1日，蒙通社恢复出版《蒙古消息报》中文版。报纸面向在蒙古国生活、学习和工作的广大中国读者，主要宣传报道本国发生的重大事件，以及中国和国际上发生的大事。

正如《蒙古消息报》中文版编辑部在迎来创刊80周年盛大节日之际致读者的一封公开信中所说："本报自1929年9月1日创刊至今，已走过整整80年的风雨历程，也在蒙古报刊史上留下了不可磨灭的印迹。愿《蒙古消息报》中文版成为蒙中两国人民和平的使者、友谊的桥梁。"

奋斗在蒙中关系的第一线

雅·钢巴塔（蒙古国外交部工作人员，蒙古国功勋文化活动家、语文学博士、汉学家、作家和翻译家）

姚克成 译

　　我是 1977 年考入蒙古国立大学蒙古学专业的。1978 年秋天，也就是 9 月末的一天，学校开学没几天，我们学生们参加了秋收劳动刚刚返回学校，蒙古国立大学外语系的汉语老师策·巴扎尔拉格查（Ц. Базаррагчаа）先生把我叫了过去，向我传达了校长关于让我转到汉学班学习的决定。我就这样踏上了汉学家的成长之路，后来也一直庆幸在自己一生的工作和生活中有了这样一个正确的选择。

　　那时候，蒙中两国关系刚刚结束了一段连续多年的冰冷和停滞期，20 世纪五六十年代两国关系友好时期培养的汉语干部大多上了年纪，有些人已经开始退休了。汉语干部队伍青黄不接的情形已经引起了国家的注意，所以蒙古国立大学开设了汉学班，准备培养新的汉语人才，以便接替老一代的汉学家。在此之前，国家也曾在苏联培养过少数几位汉语大学生，他们回国后也加入了培养汉语人才的队伍中。这可能就是时代变化和关系好转的第一个信号吧。情况是否果真如此呢？大概只有当时在蒙古人民革命党中央委员会以及和平友好联合会执行委员会工作的 R·尼玛苏伦（Р. Нямаасүрэн）、贝赫巴特（Бэхбат）和阿勒玛斯（Алмаас）等老前辈以及在外交部负责中国问题的年轻外交官 Kh·阿尤尔扎那（Х. Аюурзана）和 D·普日布扎尔嘎勒（Д. Пүрэвжаргал）两人知道吧。

　　就这样，我变成了乔伊·罗布桑扎布（Чой. Лувсанжав）大师、著名历史学家 Ch·达来（Ч. Далай）先生、N·伊希扎木茨（Н. Ишжамц）先生、M·其米德策伦（М. Чимидцэрэн）先生、老外交

2013 年 7 月，蒙古民族民主党主席门·恩赫赛汗（左 1）会见时任中共中央政治局委员、中央书记处书记、中组部部长赵乐际率领的中共代表团。雅·钢巴塔（左 2）担任翻译。

家兼汉学家 R·尼玛苏伦先生、作家兼翻译家策·巴扎尔拉格查先生和 Ch·塔玛（Ч. Таамаа）博士等老师们的开门弟子，几年里聆听他们的教诲，从中获益匪浅。现在想来，那几年真是天赐良机，让我终生难忘啊！

1982 年春天，我们班的同学们被分配到了蒙古人民革命党中央委员会、蒙通社、外贸部和蒙古广播电台等单位实习。有一天，学校突然把我们叫了回去，通知我们提前毕业，以便参加那年夏天将要进行的蒙中边界联检工作。于是，5 月初我们就怀揣蒙古国立大学的红皮毕业证书，乘坐绿色的敞篷汽车，开往了祖国的神圣边境。

蒙中两国早在 1962 年就完成了边境划界工作，这是一项具有历史意义的重要工作。虽然签约时就曾商定，此后每隔五年进行一次边界联检工作，但是在好长时间之内并没做到，一直到了 20 年之后的 1982 年才开始实施这项协议。所以，我本人有幸参加这次边界联检，真是难得的机会和命中的缘分啊！我当时被分配到了故乡戈壁阿尔泰省的边界地段。我们这个工作组负责联检的范围是，从位于科布多省边界的阿尔泰山脉呼和温都尔山（Хөх-Өндөр уул）主峰的第 ×× 界标开始，到位于巴彦洪格尔省边界的阿塔斯音格斯山（Атас-Ингэс уул）的第 ×× 界标为止，那段边界长达数百公里。虽然当时的工作非常辛苦，但是艰苦奋斗不仅有利于我后来的工作和生活，也使我积累了工作经验，养成了吃苦耐劳的作风。

我们在大学期间虽然也学过几年汉语，但是几乎就没有同中国人说过话。经过边界联检工作的磨炼，我们同中国朋友们该吵的时候吵、该谈的时候谈，在大家的共同努力下，圆满完成了双方政府交给的重要任务。那次边界联检工作一直到 1982 年的 11 月才结束。在几个月的时间里，我们一直在和中国人合作，大家每天都在讲汉语。这对提高我们的汉语水平和翻译能力无疑有很大的帮助。

好像是在 1982 年 6 月初的一天，按照事先通过外交渠道的商定，双方边界委员会的工作人员要在位于呼和温都尔山顶的界桩旁进行第一次会晤。我们不顾夏日的酷热，朝着阿尔泰山脉的那座高峰爬了过去，虽然紧赶慢赶，但还是迟到了一会儿。当我们快到达那个界桩时，看见中国朋友们早已到达并在那儿休息了。中国朋友们看见我们以后，马上站了起来。他们在界桩的另一侧列成一队，向我们行礼致敬。只见他们全都身着绿军装，头戴一顶带着红五星的绿军帽，眼戴黑墨镜，手戴白手套，一个个威风凛凛。因为当时的两国关系依然很冷，所以中国朋友们良好的军容风纪也使我们不由地产生了一些敬畏。现在想来，那也不是害怕，而是中国朋友们的务实和认真使我们想起了一条东方成语"没有规矩，不成方圆"（Ёс ёмбогор, төр төмбөгөр）。中国朋友们也是在按规矩办事，他们是在以礼相待。

2004 年 1 月，蒙古国国家大呼拉尔主席图木尔奥其尔（左 1）出席亚太议会论坛第 12 届年会期间，与中国全国人大常委会委员长吴邦国会见。雅·钢巴塔（左 2）担任翻译。

　　通过亲身参加边界联检这项涉及两国利益的重要工作，我确实收获很大。我从中方翻译白羽翔（音译）和察哈尔人道尔吉等中国朋友那里学到了不少关于汉语和汉学研究的知识，尤其是在学习活的语言和口语方面提高很大。树立用水泥浇筑的界桩的工作都是中方完成的。由于树立界桩的地点往往地形复杂，山顶、悬崖和戈壁等处都有，再加上天热和条件艰苦等原因，都给树桩工作带来了很大的困难。通过这次合作，我们也学到了中国朋友们吃苦耐劳和坚韧不拔的作风。

　　边界联检工作结束以后，我来到了外贸部下属的海关部门工作。考虑到我是年轻干部，所以部领导经常让我参加每年举行的双边贸易会谈，以便提高我的语言水平和尽快熟悉外贸工作。但是，领导并没让我担任会谈中的正式翻译，只是让我在会谈或会见中旁听，让我看看 G·阿米拉（Г. Амийль）、Ts·楚伦（Ц. Чулуун）和策仁道尔吉（Цэрэндорж）等老译员们是怎样当翻译的，从中学习他们的翻译技巧。而当客人代表们参观工矿企业或者外出游览时，领导就让我既当接待员又当翻译。

就这样，一直到 20 世纪 80 年代中期，蒙中两国关系出现了好转的迹象，接着开始了最初的交流和合作。1984 年，中国的自由式摔跤运动员们来到蒙古，参加了蒙古举办的自由式摔跤友谊赛，这是蒙中两国关系好转的一大标志。不要小看这件事，这可是一场非同小可的"友谊赛"啊！第二年，我们在中国举办了人民画家 N·楚勒特木（Н. Чүлтэм）先生的画展。我有幸担任了这次画展的翻译，第一次跨进中国的大门，来到了南方邻国的首都北京，后来又去了上海、西安、杭州和苏州等地。这次中国之行真让我大开眼界，让我增长了不少关于中国古今历史和文化的知识。

回国时，我们乘坐的那列火车几乎是空的。在我乘坐的那节车厢里，除了隔壁的包厢里坐着印度大使馆的一家人以外，再无他人。由此可见，虽然蒙中两国关系出现了好转，可是民间往来依然很少。

没过多久，双方就开始了互派留学生的工作。1987—1988 年，我和党史研究院的额尔登其木格（Эрдэнэчимэг）、蒙通社的 Ts·苏伦扎布（Ц. Сүрэнжав）、广播电台的乌仁其木格（Уранчимэг）、奥很（Охин）以及东方研究所的 N·阿荣高娃（Н. Ариунгуа）来到了中国东北的沈阳市，在辽宁大学进修汉语。就这样，我和中国以及中国人民的关系越来越近了，学习几千年的中国历史、文化和文学的机会也越来越多了。越是这样学习，越是激发了我深入研究汉学这门伟大学科的迫切愿望。后来，这种愿望一直吸引着我，使我把它变成了自己一生的追求和工作。

在 1988 年寒假回国的火车上，我结识了一位在中国驻蒙古国大使馆工作的青年。他叫李向阳，长得文质彬彬的，一副知识分子的模样，后来成长为蒙古方向的著名外交官。再往后，我因为时常参加一些公务会谈、在中国大使馆举办的招待会和其他活动等，所以认识了中国大使馆的外交官们和其他中国朋友，其中不仅有张德麟大使之后的历任大使，还有商务参赞朝日克图、苑存祥、刘振鲁，新华社的记者王义民、石永春，文化处的姚克成和吴新英等。每当回想起这些朋友时，我都特别高兴。20世纪80年代末，我又结识了柴文睿、王福康以及他们的夫人们，和他们携手参加两国的交往和合作，一起变成了连接蒙中关系的桥梁，共同书写着蒙中两国的交往历史。

从1989年起，我调到了蒙古国立大学工作，参加了汉语教研室的建设，还担任了几年的教研室主任，有幸为蒙古国汉学研究的崛起和发展作出了自己的贡献。2001年，我获得了一个到蒙古国外交领域工作的机会，于是来到了蒙古国驻华大使馆工作。就这样，我开始站到了蒙中关系与合作的第一线，一直为完成这个光荣的使命奋斗到今天。

在此期间，蒙中两国的关系已经完全恢复正常了。两国在政治、国防、经贸、文化、教育、科技和公民等所有领域的联系都得到了积极的深入和发展。这也是理所当然的事情。对于任何国家和人民来说，建立和平共处、友好合作、互相支持和互助共赢的良好关系，那可是比什么都重要的事情啊！正是在这样的基础上，今天我们两国的关系发展到了国家关系的最高层次——全面战略伙伴关系。

如果说我的启蒙恩师乔伊·罗布桑扎布大师是在两国关系良好的20世纪五六十年代在北京大学留学和毕业的话，那么，我的另一位老师、作家和翻译家策·巴扎尔拉格查先生则是在20世纪60年代中期两国关系恶化的年代毕业的，所以他一直到了20世纪80年代后期才有机会去中国。1995年，我俩一起参加了在北戴河举办的国际汉学家会议。回国途中，老师意味深长地对我说道："国家间关系的冷热也会影响到个人的工作和生活啊！我是在蒙中两国关系停滞的年代度过了自己的青壮年时期，1986 年才获得了第一次去中国的机会，今后可能不会再来中国了吧。"但愿我们老师的那段遭遇以后不要在谁的身上重演。

作为蒙古国汉学研究和外交队伍的中年代表之一，我一直致力于国家公务和学术研究这两个方向的基本工作。在外交公务中，我不仅参加过蒙古国总统巴嘎班迪、恩赫巴亚尔、额勒贝格道尔吉以及好几届总理和议长访问中国的准备工作，还参加过中国的习近平、胡锦涛、温家宝和吴邦国等领导人访问蒙古的接待工作，为两国高层领导互访的准备和实施作出了自己的贡献。此外，我所参加的两国政党、部委以及行业间的互访和活动就更多了。在此范围内，为了满足我们的工作需要，我和大使馆的同事们一起，于 2006 年和 2008 年先后编写和出版了介绍中国发展和成就的《中华人民共和国简明手册》（БНХАУ-ын тухай товч лавлах）和《中华人民共和国手册》（БНХАУ-ын тухай лавлах），还在 2009 年和 2014 年先后参加了《蒙中关系一甲子》（Монгол-Хятадын харилцаа нэгэн жаранд）和《蒙中关系历史文件集》（Монгол-Хятадын харилцааны түүхэн баримт бичгийн эмхэтгэл）等大型图书的筹备和出版工作。

在学术研究方面，我主要以中国古代史和古典文学的研究为主，此外还有选择地进行了匈奴、鲜卑、契丹等游牧民族历史文化以及蒙古历史文化的研究。中华民族是一个有着 5000 年历史和伟大的古代文明的民族。如此悠久的历史、文化和文学不仅令人惊奇，而且对我们来说，还是一个非常重要的、资料丰富的研究素材宝库。于是，我除了编写《中国古典文学》（Нангиадын сонгодог уран зохиол）和《中国古典文学文化简史》（Нангиадын сонгодог утга соёлын товчоон）等学术专著以外，还把《聊斋志异》《长春真人西游记》和《中国古代诗歌》等书翻译成了蒙古文，以便与蒙古的读者、爱好者和学生们分享。

2009 年 4 月，应中国人民外交学会邀请，蒙古国前外长策·贡布苏伦率老外交官代表团访华。雅·钢巴塔（左 1）担任翻译。

　　除了上述专著和译著以外，我还在蒙古的报刊上发表了多篇散文、译文和游记。早期发表的两篇游记是：1985 年第一次访问中国后写的《既近又远的国家》(Ойр мөртлөө хол орон) 和 1988 年进修时写的《中国纪行》(Хятадад хийсэн тэмдэглэл)。这两篇游记都刊登在发行量很大的文学杂志《星火》(Цог) 上。很多人看了以后说道："真像亲眼所见似地了解了真实的中国。"与此同时，从 2010 年起，我还和蒙古电视台合作，拍摄了关于北京、内蒙古、呼和浩特和成吉思汗陵等地的专题节目，获得了蒙古观众的好评。

　　我在驻北京的大使馆和驻呼和浩特的总领事馆工作的十多年里，还兼任过蒙古作家协会的代表，曾为加强两国作家组织间的联系做了不少的工作。在此期间，蒙中双方的文学创作者们每年都进行互访，不但相互了解对方的文学世界，一边研究一边翻译，而且亲自访问了一些风光秀丽的旅游胜地和名胜古迹，这对增加双方作家的艺术才华和激发他们的创作灵感无疑大有裨益。我们不仅攀登过号称"唐诗之山"的四川峨眉山和安徽黄山、参观过唐代四大诗人之一杜甫住过的杜甫草堂，还游览过云南的青山绿水。中国的云南省与遥远的越南接壤，那可是一个山清水秀、四季如春的好地方啊！

一路上的愿景在潜移默化中注定

杜世伟（中国社会科学院民族学与人类学研究所研究员）

　　自 1993 年 9 月我第一次乘坐北京至莫斯科的国际列车，穿越大漠南北万里草原之路来到乌兰巴托起，到最近一次访蒙，也就是 2015 年 8 月为止，已经整整 22 年过去了。如果仅以每年一次的往返来看，也已不下 22 次行走在其间了，一次次的触景生情，总会浮想联翩。联想着历史上在这片大漠南北贯穿欧亚的草原山川之间，人类东奔西走、南来北往的逐猎之路、石玉之路、彩陶之路的史前史，青铜之路、黄金之路、丝绸之路的文明史，万里茶道、欧亚铁路的商业史，以及近代以来的共产主义传播之路，滚滚红尘，不知发生过多少人间的悲喜故事，又有多少故事的发生已无从所知、无从所考，天高云淡，默默地烟消云散在这片苍茫的天野之间，随着四季轮回的风霜雪雨流逝在浩瀚的无际星河与广阔的时空之中。

　　然而就在近前，2016 年 3 月 28 号的早晨，我忽然收到蒙古国科学院的好友丘德牧苏伦发来的微信："恩赫图布辛院长昨天去世了。"后面便没了下文，语句很短，显得急促而匆忙，读后确如春天里大漠戈壁上突起的雪尘沙暴，遮天蔽日、泪眼迷离，飞沙走石般的心绪掀起万千过往的记忆：

　　记得第一次见到和认识恩赫图布辛先生是在 1995 年的五六月间，此时蒙古的天气便开始很温和怡人了，我那时正在蒙古国科学院东北亚研究中心（现国际研究所）读达来老师的博士，当时恩赫图布辛先生刚就任副院长不久，来参加中心的一个交流讲座，主持交流的他神态温文尔雅、话语沉静。会后，知道我是来自中国的留学生后，他热

杜世伟（左）陪同恩赫图布辛院长夫妇在青海塔
尔寺考察。

情地和我握手，表示出特别的亲切和友善。他的鼓励至今让我印象深
刻。而后真正的长期合作起始于 2005 年，恩赫图布辛先生作为蒙古
国科学院院长和国际游牧文明研究所所长，带领蒙古国科学院代表团
来北京，访问中国社会科学院，签署中蒙两国科学院长期合作协议，
以及国际游牧文明研究所与社科院民族所的"中蒙跨境民族部族联合
调查"合作协议。期间，在恩赫图布辛院长的沟通协调下，俄罗斯科
学院西伯利亚分院蒙古学与佛学研究所也参加到这项汇聚中蒙俄三方
的联合调查项目中来。

　　根据这项协议，首先，从 2005 年到 2008 年，有着不同专业背景
的三国联合考察队专家学者深入中国大兴安岭的鄂温克猎民点，走进
蒙古国萨彦岭的松林和山谷间图瓦查唐驯鹿人的迁徙地，穿行在俄罗

斯西伯利亚布里亚特地区埃文基人生活的森林沼泽地带，共同开启了对中蒙俄三国驯鹿人的历史和现状进行的一次多学科联合的综合研究。最初参加这项联合考察的人员包括：郝时远（中国社会科学院学部委员、民族学与人类学研究所所长）、B·恩赫图布辛（蒙古国科学院院士、国际游牧文明研究所所长）、B·v·巴扎罗夫（俄罗斯科学院通讯院士、西伯利亚分院副院长、蒙古学与佛学研究所所长）、H·桑普勒敦德布（蒙古国科学院院士、语言文学研究所原所长）、V·Ts·甘珠若夫（俄罗斯科学院西伯利亚分院蒙古学与佛学研究所民族学专家）、包胜利（中国社会科学院民族学与人类学研究所民俗学专家）、乌兰（中国社会科学院民族学与人类学研究所博士后）、曹道巴特尔（中国社会科学院民族学与人类学研究所语言学专家）、D·普若布扎布（蒙古国科学院国际游牧文明研究所语言学专家）、B·巴德玛奥尤（蒙古国科学院国际游牧文明研究所民族学专家）、P·丘德牧苏伦（蒙古国科学院国际游牧文明研究所民俗学专家）、N·C·贡色玛（俄罗斯科学院西伯利亚分院蒙古学与佛学研究所蒙古学专家）、Ts·D·巴扎勒（俄罗斯科学院西伯利亚分院蒙古学与佛学研究所民俗学专家）、热洒金·伊格尔（俄罗斯科学院西伯利亚分院蒙古学与佛学研究所民俗学专家），我作为中国社科院民族所蒙古学研究中心的一名研究人员有幸参加到这个合作项目之中，至今也已整整十年。

其中印象最深的一次交谈是在 2006 年夏天，在中国大兴安岭森林中的鄂温克猎民点，经过一天的长途跋涉、入户访谈后，大家各自野外休息、喝茶进食，我陪同郝时远所长、恩赫图布辛院长、桑普勒敦德布院士、甘珠若夫教授在大松树下与驯鹿为伴，席地而坐交流起来。这里，我从录音中选取一些片段，一切历历在目：

郝时远所长：上次我是 1994 年到这个猎民点来进行调查，12 年后再到这个地方来，我感觉他们的生活状况和生产的能力都不如 12 年以前，很重要的原因可能是他们的设备、装备都比较陈旧了，但是可能最重要的一个原因还是，我们没有找到一个扶持他们发展驯鹿业的正确道路。我也想起了 1994 年在猎民的营地我曾经写过的一句话：这样的生活他们已经延续了千百年，今天还在继续延续，他们还能延续多久？我想这是我们需要研究的问题，或者说他们这样的生活方式应不应该延续，这也是需要我们回答的问题，所以我们在和蒙古国的查唐部落的生产生活进行了比较之后，我想我们通过两个国家的这样一个合作，应该为这样一些小的民族和他们仅有的驯鹿业寻找一种发展的道路，我们做这个调查主要是以他们的发展现状为主，所以回去以后我们写的主要是为国家提供一个关于驯鹿民族的发展报告，来共同研究人与自然和谐相处的一种生产生活方式，因为这样一种生产生活方式之所以能够延续数千年，那就说明它存在着一种合理性。我们应该从合理性的角度来研究这种生产生活方式的发展前途。如果为了改善他们的生活，可以把他们搬到山下非常好的城市当中去，安排其他的工作，或者干脆就养起来，这是一个国家完全可以做得到的，但是如果这样的话，我们可能失去的是驯鹿业，而鄂温克人失去的是他们赖以生存的驯鹿。更重要的就是说，它作为一种文化现象可能就永远地消失掉了。

恩赫图布辛院长：蒙古国的查唐驯鹿人是现在俄联邦图瓦共和国图瓦人的一支。驯鹿图瓦人是在 1956 年正式入籍蒙古国的，由于历史上从属于蒙古王公，在语言文化上受蒙古人的影响较大，对蒙古有着天然的亲近感。1985 年呼布苏省政府决定把驯鹿和查唐人集中到查唐穆尔，成立查唐穆尔苏牧。蒙古国的查唐人从那时起走向了定居生活。蒙古国的查唐驯鹿人分东西两个部分，西部的那部分一直在驯养驯鹿，社会主义期间也一直在驯养驯鹿，他们非常爱驯鹿，所以不愿意下到山下来，夏天他们就上到山的高处，到那些有林木的凉快的地方，冬天到密林深处，一般一个家庭有 60 到 70 头驯鹿，这样家里的奶才会比较充足。第二点就是家庭人口数量比较少，现在一个家庭的驯鹿只有 10 头、20 头这样，每个家庭的奶就会很少。社会主义时期，一美元合四个图格里克，他们最低的工资大约 240 图克，折合大约 60 美元也算不错，这样的话一家大约 70 到 80 头，有些人家大约有 200 头驯鹿，每月他们就有 500 到 600 图克的收入，生活一直还不错。政府还定期给他们放电影，每个家庭还有政府给的俄罗斯产的威普收音机。政府还给每个孩子提供宿舍和一日三餐，不需要交饭钱。兽医一般夏天 10 多天左右、冬天一个月左右去给驯鹿做检查。90 年代后，随着蒙古社会的转型，原来查唐穆尔苏牧的渔场和狩猎队解散，一部分查唐人留在了苏牧，一部分查唐人重新回到了森林里，以养殖驯鹿为生，开始恢复传统的放养驯鹿的游牧民生活方式和传统的萨满信仰。

甘珠若夫教授：俄罗斯的埃文基人早期被俄罗斯人称作通古斯或雅库特，他们的自称是埃文基，人口总计有 2.5 万人，生活在西至叶尼塞河左岸，东至鄂霍茨克海沿岸，北至北极圈，南至黑龙江流域，生活地域将近 700 万平方公里，遍及西伯利亚全境的十分之七。这么少人口数的民族，散居在这么广大的地区，确实很少有。从 18—19 世纪开始，贝加尔湖地区有多处驯养驯鹿的居民。在俄罗斯人、布里亚特人的影响下，埃文基人开始从事一些畜牧业和简单的农业，用原木建造小屋，洗蒸汽桑拿浴。他们开始种植一些土豆和香菜，接受了很多新的各类用具和其他电动工具。他们也并不是守着传统的驯养驯鹿迁徙狩猎的生活方式不放，而是开始形成在山林定居，放养驯鹿，有时出外寻猎的生活方式。

交谈持续时间很长，探讨的范围很广，从具体到抽象，让身处现代工业化和城市化进程中的人们能重新审视我们所生存的整体世界环境，重新审视游牧文化和游牧文明在世界发展进程中的意义。20 世纪 80 年代以来，随着世界经济全球化、区域化的进展，生态文化多样性研究成为一个重要的热门课题，并陆续取得了一些成果。随着各国政府部门与研究学者交流合作的深入，开始从微观层面上对区域发展中局部的个性化范畴的现象和问题进行更加全面的考察和审视，各国各地之间对彼此文化的理解和认识以及相互尊重，将会为地区间各国和全球社会经济的广泛合作与发展创造出新的条件。

在我们所考察的中蒙俄三国游牧文化群落的现实发展状态中，我们可以看到游牧文化传承着的人类与大自然和谐相处的一种生存形式的可贵精神。这种经历几千年的历史性、不间断性的存在中，传承着其特有的一种文化精神和文明色彩。这种原生态的文明的指向不应该是破碎性的和微不足道的，深入其中，我们切身感受的是其历史空间和生存空间的博大，感受到一种心灵的震撼。探寻游牧文化的历史中心地区，从历史留下的遗迹和线索，我们开始逐渐寻找到一些历史发展的走向和脉络。

我们从原有的一种抽象的现象和记忆转入一处处的实地探索和发现，并沿着历史的来龙去脉，去一步步揭示它原生的和现实的真实面目。在蒙古高原与西伯利亚寒冷严酷的自然条件下，森林驯鹿人始终坚守着与驯鹿共生的传统信仰和生活习性，一步一步地走到了今天。今天仍在从事驯鹿业的蒙古国查唐驯鹿人和中国鄂温克族猎民这样的微型群体，在人数、驯鹿规模、生产效益方面只能称之为环北极圈驯鹿业中的边缘碎片，而世界范围的驯鹿民族、驯鹿业、桦树皮文化、兽皮文化，却是现代文化发展中所普遍关注的一个物质文化遗产与非物质文化遗产保护的重大问题。这是一个极其传统而又十分现代的课题。现代民族与国家的发展和现代文明的维系，同时需要历史的传统与道德，需要融入一种泛道德化的原生性文化内容，使生活于其中的人们感受到一种民族文化的认同感和亲切感，使人们寻找到一种原生态与现代化状态间有序平衡、和谐发展的状态，从而建立起人类间、自然界间、民族间以至国家间和谐相生的新的生态文明状态。

这一路上边走边看、边想边说，所有的谈话意味深远，历久弥新。

后来的这些年里我又同恩赫图布辛院长一起去新疆的卫拉特部族

中国社会科学院学部委员、民族学与人类学研究所所长郝时远（左2）陪同恩赫图布辛院长夫妇在新疆乌鲁木齐市考察。右1为杜世伟。

地区、青海的塔尔寺地区、俄罗斯的布里亚特地区做过田野调查，时间跨度整整十年，地域跨度几百万平方公里。他孜孜不倦，鞠躬尽瘁在学术的生涯里，直到2015年8月还让丘德牧苏伦邀请我去蒙古国苏赫巴托省一起做了中蒙跨境乌珠穆沁人的田野调查，并一直关心着最后所有调查的论文成果的总结工作进展。期间，当我告诉他中国中央电视台纪录频道和内蒙古电视台正在筹拍大型纪录片《新草原丝路》，并且制片的记者现在就在乌兰巴托考察时，恩赫图布辛院长非常高兴，问有没有需要帮助的地方，并邀请记者见面，接受了访谈，同时给记者需要访谈的各方面专家作了一一介绍，有的直接打电话帮助联系，给予极大的帮助，可见他对影片寄予了深深的期望。然而，我

新疆社科院哲学所所长木拉提·黑尼亚提（右1）
陪同恩赫图布辛院长夫妇在新疆和布克赛尔蒙古
自治县调研途中。

永未曾想到，自此一别，却成为永诀，从此各在人间天上！

想想自己在这20多年里，在这漫漫草原之路上，受到过多少老师的亲切教诲、雨露恩泽，听他们讲过多少亲身故事：楚伦·达来先生来北大留学期间在十三陵水库工地劳动的故事、伊世江木兹先生放弃化学专业来北大读历史专业硕士的故事、姜木苏伦先生北大读书的故事，以及与宝勒道院士、贝格兹扎布教授、阿伦桑那先生在一起的那些生活中点点滴滴的如涓涓流水般的岁月，随着他们离去的岁月越远，却怀念得更远与更深。爱从哪里来，一定还会回到哪里去。这一路上的愿景如和风细雨般潜移默化地早已在爱的轮回中默默地注定。

此时，总有一首歌在脑海中挥之不去：

是天意吧让我爱上你

才又让你离我而去

也许轮回里早已注定

今生就该我还给你

一颗心在风雨里

飘来飘去都是为你

一路上有你苦一点也愿意

就算是为了分离与我相遇

一路上有你痛一点也愿意

就算这辈子注定要和你分离

你知道吗爱你并不容易

还需要很多勇气

　　在此，也以此文深深地缅怀和纪念那些中蒙两国跨文化交流沟通中的平凡而伟大的先行者们！

邻国同呼吸，近邻共命运

扎·乔音霍尔（蒙古国外交部特聘大使、前副部长）

商惟玮 译；袁　琳 校

蒙古国坐落于中俄两个大国之间。今天，中蒙俄是边境相邻的三个主权独立国家。三国不能选择自己的邻居，蒙古未曾选择中国，中国也未曾选择蒙古；蒙古未曾选择俄罗斯，俄罗斯也未曾选择蒙古。

在地理和自然环境方面，三国是有直接联系的邻国。我们的江河流淌过对方的土地，我们的湖泊横跨对方的边境。以羊和森林熊为首的动物，经常穿过既定的边界，搞出"冲突"。面对森林火灾，蒙古人和俄罗斯人一样张皇失措；面对草原大火，蒙古人和中国人一样手忙脚乱。有福同享，有难同当，三国的百姓是如此的有缘。历史上，我们相互维护对方独立。我们曾经并一直为对方的建设尽自己的一份力。

我与中华人民共和国政府代表裴家义、俄罗斯联邦政府代表谢·谢·拉佐夫（Cyergyei Razov）于 1994 在乌兰巴托签订《中华人民共和国政府、俄罗斯联邦政府和蒙古国政府关于确定三国国界交界点的协定》。蒙古国、俄罗斯和中国的全权代表们通过此协议，正式确立三国国界西端交界点为奎屯山山顶（Altai Tavan Bogdiin orgil），东端交界点为塔尔巴干达呼敖包（Marvagan dahiin ovoo）。

历史上，三国是有着成百上千年关系和联系的邻国。邻国在悠久的历史长河中和睦交恶，分分合合，征服对方或者被对方征服，像这样的历史遍地都是，而中蒙俄三国没有经历这样的历史。鄙人作为研究国际关系的爱好者，半百年间皓首穷经，未曾寻得如此有缘又奇妙的国家和民族。

往昔已逝，不可追也，伟大的莎士比亚曾说过："不能改变已经发生的事情。"（What's done cannot be undone）可是过去的都是历史，而历史是我们的财富。我们的财富是我们当下以及未来的基础。中国伟大的领导人毛泽东在谈中蒙关系时说道："中蒙合作不应面向过去，而应面向未来。"回望历史，我们能看到发生了很大的变化。我们很难说，千年之后，又会有怎样的国家和民族生存在这片土地上。

细说来，三国是有血缘联系的邻国。三国中，不论是哪国人民，都在成百上千年中友好共处。期间，有成百上千的三国人民成了一家人。也存在三国一些重要行政组成部分——自治区、共和国、省和县，和另一个国家一样，由同样的民族组成。这就是三国上百年历史交往的具体反映。

三国在文化和宗教方面也有很深的渊源。中国、俄罗斯和蒙古接壤共存了几百年，因此在文化宗教方面相同的东西很多，共享的奇珍异宝也不胜枚举。

众所周知，我们蒙古国在很多方面和两个邻国息息相关，因此蒙方特别重视与两大邻国的友好交往和合作，在蒙古国对外政策构想中，有关于这方面的重要条款。在这篇简短的回忆文章中，我主要记录个人对新时期蒙中交往中一些事件的所思所感。

我在 1987—1990 年间担任外交部亚洲司司长、1990—1995 年间担任外交部副部长和副总理首席顾问期间，有幸与多名中国外交人士会见，并与其共事，有机会向他们学习。在与我共事过的几位大使中，我清楚地记得张德麟、裴家义和黄家骙三位大使。他们都是以史为据，深谙蒙中关系中很多问题，并且能就相关问题进行友好商谈的外交人士。张德麟大使是一位熟练掌握蒙古语的老练的外交人士。他的夫人也是十分了解蒙古国和蒙古历史文化的专业外交人士。在一次文化活动上，我们几个同志讨论 Shrimp（虾）这种海鲜用蒙语怎么说。就在我们无法达成一致的时候，旁边的张德麟先生一语道破："虾这个蒙语单词在上古时期的一次宴会菜谱上，曾用 'сам хорхой' 记载。"在座的同志都惊叹于张大使高超的蒙古语水平。1993 年初，我在会见张德麟大使时说："归乡一方面让人暗生乡愁，外交人员肩负国家的任务，像候鸟一样，无论何时都不得安闲。作为友好邻邦的大使，您工作尽心尽力，我们蒙古国领导人对您的工作给予高度评价。您从在我们国家学校学习到就任大使这一高职，努力工作多年。大使同志，您为了拓宽中蒙两国关系，工作尽心尽力，对于这一点，我们了然于心。您是个十分了解对象国的文化、历史和习俗的外交人才。在您任大使期间，两国交往活跃，您为增进两国友好关系贡献了很大的力量。同时，您还担任驻了乌兰巴托外交使团团长。"直至今日，找到记录 23 年前这段话的档案册，读来仍觉得十分愉悦。

1989 年 8 月，中华人民共和国外交部长钱其琛访问蒙古。我作为亚洲司司长，在扎门乌德站迎接尊敬的钱其琛部长。我和我们司的顾问布彦巴德拉赫（Buyanbadrakh）早来了几个小时，为在该站的餐厅设宴款待钱其琛部长做准备工作。我俩就像两个威严的"钦差大臣"似的，吓到不少人，尽管这是我们分内的工作，如今想起来，还是令人捧腹。之后，我和钱其琛部长一起乘坐火车到乌兰巴托。钱其琛部长说得一口流利的英语，但有布彦巴德拉赫当口译，我们基本用汉语和蒙语进行交流。火车跨越蒙古草原时，他饶有兴趣地谈到了蒙古自然环境、气候和蒙古人民生活的林林总总。这一年，两国外交部长钱其琛、察·贡布苏伦（Ts. Gombosuren）互访，并签订了几项条约和协议，这些成为蒙中关系正常化坚实的基础。钱外长这次访问期间，两国达成了关于建立蒙中经贸合作委员会、恢复蒙古人民共和国驻呼和浩特市总领事馆、建立航空运输联系及在民事和刑事领域提供法律援助的协议。

1990 年 5 月，蒙古人民共和国大人民呼拉尔主席团主席彭·奥其尔巴特访问中华人民共和国。1991 年 8 月，中华人民共和国主席杨尚昆访问蒙古国，两次访问使两国关系进一步走向正常化，开启了两国

1989 年，扎·乔音霍尔作为蒙古外交部亚洲司司长，陪同中国新任驻蒙古大使张德麟递交国书。

广泛合作的大门。彭·奥其尔巴特主席的访问行程中包括访问几座城市等很多有意思的活动。其中，访问内蒙古自治区给我留下了深刻印象。在欣赏内蒙古艺术明星演出时，著名马头琴大师齐·宝力高演奏的原创作品《万马奔腾》，让我们不由得心生自豪。根据内蒙古访问行程中探访当地牧民的计划，奥其尔巴特主席的车队排成一列前往牧民家。我们上了一座小山坡，那里有很多骑着马迎接我们的牧民。牧民们都下马，手持哈达，并用盛满银碗的食物和上好鲜奶欢迎彭·奥其尔巴特主席和主席身边的我们。就我的观察，行程里没有这一活动，连随行的中国工作人员都为之惊叹。就这样，访问团根据蒙古的习俗与牧民互致了几句问候，交换鼻烟壶，献上吉祥的祝词后，就动身离去了。牧民骑着马，驰骋在尊贵客人的车队两侧。仔细观察的话，会发现他们几乎所有人骑的都是走马。这是我们的牧民兄弟在表达自己深切的敬意。这是只有蒙古人一看就懂的珍贵礼物。这些牧民明白蒙古国领导人对他们骑马送行的喜悦、感谢和骄傲之情。看着骑着好马、相随驰骋着的草原蒙古兄弟，我们眼里情不自禁溢满激动的热泪。

1990 年后，蒙中就双方合作的很多问题达成了相应的条约与协定，我有幸参与其中。我与中国外交部副部长徐敦信、唐家璇多次在北京和乌兰巴托会面，商讨签订相关合约与协定。签署的众多政府间协议包括：《中华人民共和国政府和蒙古人民共和国政府关于中蒙边境口岸及其管理制度的协定》（1991）、《中华人民共和国政府和蒙古国政府关于植物检疫的协定》（1992）、《中华人民共和国政府和蒙古国政府关于保护和利用边界水协定》（1994）、《中蒙文化合作协定》（1994）、《中华人民共和国政府和蒙古国政府关于动物检疫和兽医工作合作协定》（1994）。我听说徐敦信副部长曾在日本等国当大使，然而一直未得见面。正所谓"男儿志在四方"，徐敦信同志 2015 年代表战略研究所来到蒙古参加学术会议。我作为地缘政治研究所所长参加了这次会议，并在会上见到了徐敦信大使。相见时，我们如老友一般拥抱，谈笑道："在满头青丝的盛年里，我们曾一起签署协议，一起共事。而今虽然两鬓结霜，身体也还算康健。"唐家璇先生后来升任外交部长，一次他前往美国时，我曾在那里与他有过一次愉悦的会面。我作为蒙古国外交部副部长，于 1990 年初访问北京，提议建立蒙、中、俄三边对话机制讨论合作问题，唐家璇部长积极响应我的提议，我们达成了共识：把两国司长级别对话作为首要步骤。我很高兴地看到，从 20 年前奠定两国关系开端的这次会晤以来，经过年复一年的发展推动，直到今日，蒙中两国国家元首级会晤逐步稳定。

1994 年 4 月 29 日，两国总理彭·扎斯莱（P. Jasrai）和李鹏在乌兰巴托签署了《中蒙友好合作关系条约》，我有幸参与了该条约成形的讨论工作。该条约根据国际法，定义和宣布了蒙中关系和合作的基本准则，并在政府首脑级别达成一致。该条约是蒙古外交史上的重要

1994 年 4 月 29 日，蒙古国总理彭·扎斯莱和中国国务院总理李鹏在乌兰巴托签署《中蒙友好合作关系条约》。

文件。此后，在北京举行的联合国亚洲及太平洋经济社会委员会会议期间，李鹏总理接见了我们代表团，我当时与李鹏总理有过几句简短的交流。李鹏总理说："我很高兴能参与签署明确中蒙长期关系的历史性条约。请转达我对扎斯莱总理亲切的问候。"

中国的外交官给我留下了接受专业高等教育、熟知对象国语言、面对任何问题都通过研究小心求证的印象。中国的外交官，不论是国家领导人、部长、大使还是专业人员，在面对外交政策和外交关系方面的敏感问题时，立场都很一致。例如，关于蒙中关系水平，以及蒙中关系在某一特定时期所处的水平方面，说法很统一，直到今天都是如此。而我们蒙古人在这方面远远不及中国人，应向中国学习。

我借蒙古国副总统、小呼拉尔议长拉·贡其格道尔吉（R. Gonchigdorj）和总理达·宾巴苏伦（D. Byambasuren）等访问和参

扎·乔音霍尔作为蒙古外交部副部长，与中国外交部
副部长徐敦信共同签署两国政府间有关协定。时任中
国外交部长钱其琛（第二排右2）等在场见证。

与国际学术会议之机，去过上海、西安、香港、大连、呼和浩特、乌
鲁木齐、天津等城市，有幸亲眼见到蒸蒸日上的中国伟大的建设事业。
不仅如此，我还到过中国人所说的"上有天堂，下有苏杭"的苏州和
杭州两座令人惊叹的城市。在中国看到的另一个有趣的地方是西藏的
拉萨。我借参加1993年联合国在上海举办的小型会议之际，游历了
中国的众多城市。这次，我还把游历西藏提上了日程。我之前也表达
过自己想去西藏的愿望，中方领导提出"西藏气压低，你的心脏不要
紧吧"等问题，也没有进一步给出答复。可这一次，他们不仅批准了
我的西藏之行，还给我派了一位会说蒙语的随行人员。我们穿过四川
省，来到了传说中的西藏。我们下榻在拉萨假日酒店。我和妻子麦嘉
尔格勒（Maijargal）住在酒店的二楼。西藏海拔真的很高，让人呼吸

都很困难。在每个人的床边都安置有吸氧的设备，只要把它连接在口鼻上躺着，就感觉舒服多了。从一楼上二楼要休息三四次，否则根本无法呼吸。之前我曾以为中国同事询问心脏和血压是言过其实，其实是我们错了啊。我们俩喘着气，躺着过了一天。第二天早上起来，我们逐渐适应，身体状况也略有好转。然而我们的随行人员王福康（之后任职于驻蒙古国大使馆）躺着无法起身。（西藏的环境）对在低海拔生活的人来说太严酷了。之前，日本代表们三天不能起身，只能返回。蒙古人生活在高原上，因此能稍微快一些适应。这样一来（我们一行人）也不能走得太快，胃口也不太好。由于身处接近鄂特冈腾格里圣山的高度，我们也没有其他办法。此行真是辜负了藏族朋友们用众多美食招待我们的一片心意。游历与我们蒙古人文化宗教一致的西藏着实有趣，我十分高兴能够有幸到神圣的布达拉宫、罗布林卡、大昭寺等遗迹和法师的遗像前参观拜谒。拉萨假日酒店虽然是一座美式标准的酒店，但其内部装潢都是西藏特色的，不仅如此，里面还设有佛台，让我们倍感亲切。酒店的院子里还拴着一头牦牛，也许是由于生活在高山上，它跟我们蒙古的牦牛相比好像发育不良一样。我想起雪域的一位贵客曾在我们那里看过牦牛后惊呼："好大一只动物，几乎比西藏的牦牛大两倍！"几个好像是牧民的藏族人在城市的道路上骑马而行。藏族人在大热天还穿着长毛袍子，我对此觉得十分有趣。我们琢磨着："他们在比拉萨海拔还高的地方放牦牛，应该不会冷吧。"

参加上述上海会议的代表还观看了一场有趣的文艺演出——威廉·莎士比亚的戏剧《麦克白》。有趣的是，这出戏完全是以京剧的形式表现的。我的夫人麦扎尔格勒大约在一年多以前把这部剧从英文翻译成蒙文，并和爱沙尼亚的导演合作，把它搬上了国家模范话剧院的舞台，因此我们对这场演出就更加好奇了。神奇的是，中国京剧的角色各式各样的装饰、奇特的一系列动作和具有异国情调的旋律与这出戏剧分外契合。我记得我夫人麦扎尔格勒高度评价了这部戏，因为虽然我们不懂中文，但对于了解戏剧动作和语言的人来说，很容易就能理解这时候发生了什么，那时候又说了什么。我的夫人从一个艺术研究者的角度，认为这是世界经典作品本土化的一个很成功的例子。

像这样美好的回忆，还留下了很多。

蒙古人常说："邻国同呼吸，近邻共命运。"我觉得这句话切中肯綮。睦邻友好关系裨益良多，应进一步巩固这样的关系。蒙中友好关系和合作上升到战略伙伴关系是历史性的宝贵成果。我想，为了两国人民的福祉，除了珍惜睦邻之外，还要不断扩大和升级这份成果。我作为一个外交界的前辈，相信两国现在和未来的青年外交家一定能不辱使命，再创辉煌。

我与蒙古

周　晶（原中国驻蒙古国使馆文化处一秘）

我没想过，从选择在北京大学东语系蒙古语言文学专业学习的那一刻起，我注定与蒙古国结下不解之缘。当初，我和身边大多数中国人一样，对蒙古国既陌生又熟悉，人们对它众说纷纭，我是踩着学习、生活和工作的步子慢慢走近它，回味着那些珍贵的记忆了解它的。

学习篇

1984 年，我考入北京大学。因为中学俄语老师希望我继续深造俄语，所以建议我报考了北大俄语系。俄语系没进去，但北大招生办看了我的档案后，联系了我高中的教务长沈老师，说北大东语系的蒙语专业也学俄语，建议孩子考虑一下。沈老师直接告诉他们：这孩子应该上北大，我做主了！那时我还在泰山上找感觉呢。就这样，我学了蒙语。

进入北京大学东语系，开始由俄语系的老师给我们上课，专业学习俄语。一年半后，学校从蒙古请来了外教，教我们蒙语；又过了一年半，我们作为教育部委派的北京大学留学生去蒙古国立大学学习蒙语。去蒙古留学，还真的是出乎意料！

在蒙古国立大学读书的两年，我们的蒙语水平突飞猛进，与老师、同学和身边的蒙古人交往的过程，使我了解到以前我不曾知道的蒙古国和蒙古人。

教我们蒙语的几位老师中，有在北京当过外教的杜格尔苏伦老师，

215

1986 年 7 月北大东语系蒙古语专业同学和老师
的合影，前排中为周晶。

他是国立大学蒙语系主任，教我们精读课。因为有在北京教授我们的
经验，他上起课来轻车熟路。他常请我们去他家里吃饭，我们也认识
了他的几个孩子：大儿子在德国深造马上毕业了，女儿在苏联上学，
小儿子因为还小，他去北京任教时就带在身边。我们很惊讶老师把孩
子都送到国外学习深造，毕竟 80 年代的中国出国留学尤其是因私出
国留学还不是那么普遍。杜老师还说，小儿子他将来准备送到中国学
习，蒙古离中国这么近，汉语一定会有用的。

　　教口语的"小胡子"丘龙巴特老师是国立大学外语系的教授，曾
在日本、德国等国的著名高校做过访问学者，他严厉而风趣。我最怕
他的语音课，他的教案简直是魔鬼教案，相似的读音我怎么也分辨不
清，听写不下来，可他总是那副"你行你就来"的表情，好像故意刁
难我们似的。看着课堂练习本上那么多红叉，争强好胜的我课上课下

2006 年 8 月，中蒙联合保护蒙古族长调民歌第二次工作会议结束时，两国代表签署合作文件。

地狠狠练习，但还是很纠结他给的那些红叉，甚至因此不太喜欢他。十几年后，当我和丘老师在乌兰巴托的一个活动上再次相遇，他还是课堂上那种"不怀好意"的表情，不过对我说的却是：刚才你的发言不错，看来我的那些红叉给得很正确啊！

我们的语法老师拉苏荣最友善，他脸上的皱纹深得像刀割过，可就是这样的皱纹，每一条里都含着笑。语法有规则，但常常有搞不懂的规则，他总是很耐心地解释。我的语法作业本一直舍不得扔，就因为上面有拉老师很多"大作"！为了解释清楚一个词、一个句子，他常常画出来给我们看。他还邀请我们坐他的拉达牌小汽车去郊外采蘑菇。青青的草地，泥土的芳香，白蘑菇的美妙，洋溢在脸上自由的欢笑，那幅画面一直定格在我的脑海里，至今清晰可见。

还有一位清洁工阿姨，在国立大学读书的两年里我们几乎每天都会见到她，提到她是因为她给我的印象太深了：清洁卫生时穿着那种月白色的长褂工作服，头上包着一块花布巾，像邻里的阿姨，从不邋遢。我常常看见她跪在地下用布擦地板，学校的地板从走廊到教室都是木条铺的，走在上面吱吱作响。她总是静静地做自己的事，与她眼神交会的时候我会礼貌地微笑，算是打个招呼。有一次下课在学校门前的车站等车，那是一个寒冬，我蜷缩在羽绒服里。听到有人和我说话，一眼望去：一身毛皮大衣，头顶毛绒帽子，脚蹬高腰皮靴，真没想到是清洁工阿姨呀！我们到了蒙古以后就发现，蒙古的女人喜欢穿金戴银，涂脂抹粉；男人们西装革履，风度翩翩，都十分讲究穿戴和礼节。学校的清洁工亦如此，给我印象非常深。

生活篇

直到今天我还记得和家里人说我要去蒙古留学时，他们那纠结不舍的表情。我知道他们担心到蒙古我怎样生活，不吃牛羊肉的我该不会在那里待出个严重营养不良吧？其实相对于吃，我自己更担心的是"从蒙古来的冷空气"——天气预报里不断重复的这句话是我对蒙古的第一个认识。我就是揣着这些担忧坐上去蒙古的火车的。

后来，在给家里的信件中，我不断地向他们汇报我在蒙古的情况，回答他们不了解的问题。我告诉他们：不用担心我，吃得很好。我们出入的是"外国人特供商店"，因为是留学生。商品很丰富，吃穿用都齐全；蒙古大街上的副食店里也供应牛奶，牛奶比北京的浓，很好喝；除了牛羊肉，也有猪肉，猪肉瘦的比肥的便宜。蔬菜以土豆、洋葱、圆白菜为主，但肯定不是他们担心的那样（只有牛羊肉）。不过，当时的蒙古比起现在，水果蔬菜种类数量确实少，也确实贵。有时候大街上会排起很长的队伍，那一定是供应紧俏商品（一般是从苏联进口的化妆品、皮靴等），但排队归排队，没有加塞打架的，很有秩序，大家还是很有文明礼貌，尤其对老人孩子很照顾。

我告诉家里，我们住得也好。两个人一间屋子，我的屋里铺着地毯，还有冰箱。我们就在留学生楼的公用厨房里做饭，可以煮粥、下面条、蒸米饭。因为是电炉，中国式炒菜不太好吃，但我学会了用烤箱做烤鸡、土豆什么的。家里人半信半疑，说给别人听，人家也是半信半疑。

我告诉父母，我们的学习很紧张，每天学校有课，放了学还要练习口语，学看电视新闻。我还交了一个蒙古朋友巴特其木格。那时留学生宿舍南面是蒙古杂技院的训练场馆，外形是个大蒙古包样的建筑（如今这个院子是蒙古第二大佛寺——达希乔伊楞寺所在地）。巴特其木格是个杂技演员，常常会在训练之余来留学生宿舍找我们玩。最初我是出于想练习地道的口语应允她来的，因为她说话速度极快，从不会因为我是外国人就捡简单易懂的说，当时我就想，如果能听懂她的话，估计口语就达标了。其实，直到今天和她说话我仍需要竖起耳朵听，不敢怠慢，她还是那个语速，还是那样爽朗的笑，不曾改变。没想到因为练习口语的初衷成就了我们一生的朋友之情，更没有想到因为与我交往，她常常来留学生楼，认识了后来成为她丈夫的一位中国教授。我无意中为一桩跨国婚姻牵线搭桥成功，如今当了奶奶的她依然快人快语，在蒙古和中国之间频繁往来。

我的留学生活让我们真实感受到了蒙古人的正直善良、真诚友爱、文明礼貌，它留在了我们的内心深处，加深了我们对蒙古的认识，影响着日后我与蒙古的种种情缘。

工作篇

留学生活紧张而短暂。1989 年 6 月毕业回国后，我做了与蒙古无关的工作，想是与蒙古的缘分就到此为止了吧？但好像缘分真的是一

2005 年 6 月，中蒙两国代表在联合申请蒙古族长调为联合国教科文组织人类口头和非物质文化遗产文本上签字。

种说不清的东西。2002 年，我被文化部借调到中国驻蒙古国大使馆文化处工作。十几年后我重新踏上了那片熟悉的土地。记得第一次作为外交官和蒙古体育局的官员洽谈接待袁伟民为团长的中国体育代表团访蒙细节时，沉寂多年的蒙语单词慢慢地从我大脑深处的某个角落被唤醒、被萌动，那种感觉真是出乎意料地令我兴奋！

我带着这种"兴奋"在使馆文化处的工作岗位上一干就是六年。这六年（2002 年 8 月至 2007 年 10 月），我们在中蒙文化、教育、体育、卫生、宗教等领域做了大量的工作，取得了可喜的成绩。看着中蒙两国友好关系一步一步发展至今，我感到十分自豪和欣慰。2009年，在为纪念中蒙建交 60 周年而印制的《蒙中关系一甲子》一书中，我也表达了这种由衷的感情。

在工作中，我与蒙古的很多同事都成了很好的朋友。记得在举办

2006 年 5 月，在博格达汗宫博物馆门前区修护工程开工仪式上，蒙古国总理恩赫包勒德（左 2）、中国驻蒙大使高树茂（左 3）等共同剪彩。

"中国文化周"前期，与蒙古文化部文艺局官员和剧院经理等相关人员落实文化周开幕晚会细节。会议开到晚上 11 点，那时我的女儿还小，在我怀里睡着了。我提出的在剧场幕布中央增加中蒙两国文字书写的文化周及其标志图案，蒙文艺局的人始终不同意，认为幕布上方已经有条幅，并以没有预算作为拒绝的理由。可我想，开幕式是文化周重要的环节，没有背景的图片和录像资料主题不突出，所以一再坚持。我和文艺局那个官员互不相让，争执到红脸。后来经协调，由剧院经理先垫钱做，最后电视播出文化周实况，大家都反映那个背景很出彩、很关键。在使馆举行的文化周答谢宴会上，我和那位官员冰释前嫌，高兴地拥抱在一起，成为彼此理解的好朋友。

在中蒙两国共同申报蒙古族长调为联合国教科文组织人类口头和非物质文化遗产的工作中，我们工作小组苦战了 1 个月。为修改文本，

1987 年 6 月，周晶（前排右 1）留学蒙古时与同学和进修生老师在宰相山合影留念。

两国艺术家和官员开会，商讨，再开会，再商讨。其实我理解，两国都已有了各自做好的文本，如今要两方以一体的姿态交出满意的方案，谈何容易？站在自己国家的角度据理力争没有问题，但要在规定的时间内将双方都同意签字的文本上传给联合国教科文组织，又谈何容易？好不容易，文本按期落实，但签字始终没有着落：当时蒙古教文科部的领导对两国共同申报一直持不明朗态度，签字时间和地点更改了几次。可是，如果不按规定发送签字的文本，就算主动放弃，使馆领导、文化部派来的专家和蒙古教科文部文艺局的领导都密切关注着事情的进展，十分着急。如果这次放弃，不仅仅是失去申报的机会，失去的将是联合保护蒙古族长调调研、传承的经费和联合的力量。看到申报材料里采集的已经作古的，还有年迈羸弱的长调传人的作品，看到由于缺少资金亟待进行的田野调查、失传的唱法和没人懂得的古乐器，痛心啊！难道就这样前功尽弃吗？在最后时刻，使馆文化参赞王大奇、蒙古国教文科部文艺局代局长额尔登苏伦顶着压力，郑重地在申报文本上签字，并表示对自己的行为负责。看着文本传送到巴黎，在场的申报工作组所有人都激动得眼含热泪，忘却了一个月来没日没夜苦战的辛劳，忘记了双方工作组成员各执一词的不快。我深深体会到做一个专业的文化工作者应具备的高尚品质，那就是为保护和发展世界共有的文化传统作出努力和贡献。我从心里敬佩那位文艺局代局长，他签字的那一瞬间，让我觉得他很英雄。

回忆篇

你要是去蒙古观光旅游，一般都会被推荐去参观博格达汗宫博物馆。这个最早修建于 1893 年的集蒙汉藏文化风格于一体的建筑曾是八世哲布尊丹巴驻锡之地，1924 年辟为博物馆。2004 年 4 月，文化部部长孙家正访问蒙古，参加中国文化周相关活动，期间，蒙方安排孙部长一行参观博格达汗宫博物馆。刚刚走到博物馆前区，陪同参观的高树茂大使指着庭院首门牌楼说："这座牌楼建于清晚期，因年久失修，底部朽木早已溃烂，几近坍塌。前区影壁也已斑驳陆离，面目全非。"走进院门，正巧看见一位蒙古维修工在用油漆粉刷门廊的柱子。走近细看，油漆随意涂在剥落的木桩上，坑坑洼洼、凹凸不平，十分扎眼。孙部长见状，不由地停下脚步，他和随行的国家文物局局长单霁翔商量，可不可以选派一个修缮队，帮助蒙方修复博物馆前区的头道官门、中式牌楼和庭院照壁。这样做，一来可以增进中蒙两国文化交流，二来也可以向蒙古民众展示中国文物保护的全新理念和精湛技艺。

于是，博格达汗宫博物馆门前区修护工程被提到日程上来。蒙古的现实是国家文保司非常需要和支持这个项目，但缺少资金，没有专业技术人员。这样，我们的工作从协调国家援助资金，到选定国内文物修护单位，反复实地考察研究，绘制制定具体施工方案，苦干了两年，2006 年 6 月项目终于开工。

从国内挑选来的技术人员和工人们就在博物馆外的空场搭起了简易蒙古包，吃住都不离开工地。蒙古包冬天冷、夏天闷，不习惯迈进迈出低头弯腰的工作人员头撞门不计其数，成为互相取笑的由头。调

2007 年 4 月，西安文保修护中心主任侯卫东（右）陪同高树茂大使（中）考察博格达汗宫博物馆门前区修护工程工地。

制涂料的原材料当地没有，他们就想方设法从国内找，经二连运来，也节省了有限的资金。样板工程给西安文保中心提出了很高的要求，也让他们为此付出了很多很多。我还记得总结会上杨工发自肺腑的话：从事文保工作多年，但从未经历过如此恶劣的天气条件，冬季可以达到零下 40—50 度，滴水成冰，夏天又会有零上 40—50 度，高温难挨。这不仅考验着我们战胜困难的毅力和决心，更检验着我们文物修护的质量和成果。生活上更是没有料到会住蒙古包，单调的牛羊肉，还有不友好的某些蒙古人……身体受苦，内心委屈，不堪忍受。

　　但他们挺过来了，经国家文物局验收小组的严格检查，终将高质量的修护工程完好交给蒙方。竣工仪式上，蒙古甘丹寺主持看着修护完美的建筑，放下身段，一遍又一遍地对我们说：甘丹寺也需要这样的修护！非常需要！我知道，如果不是这个样板工程征服了他，请都请不动他的，让他开口更是难上加难。

这样工作的经历太多太多，这样值得回忆的故事也太多太多。从中，我学到了很多，也成长了很多，没想到自己能为中蒙文化交流做这么多实实在在的工作，诸如"中国文化周"系列活动、"蒙古人演唱中国歌曲大奖赛"、成立蒙古孔子学院、教育部教育推介会（中国20所学校在蒙古推介招生）、举办由蒙古国家电视台和内蒙古卫视同期播出的春节联欢晚会、汉语志愿者老师进入蒙古大专院校和中小学校、中国围棋院第一次在蒙古集训比赛、组织留华学生联谊会、对蒙古博格达汗宫博物馆门前区进行文物修缮保护，等等。

我知道，我们赶上了中蒙两国友好关系发展得最好的时代，我们有使馆从大使到工作人员坚定和谐的专业团队，我想，在他们心底也许也有我意想不到的对蒙古的那种情结。这种情结让我们在发展中蒙两国和两国人民之间的友谊和合作事业中奉献着自己的青春和汗水，挥洒着无怨无悔的热情和力量，让我们感到无比的自豪和欣慰，也给我们带来了美好的回忆。

蒙古国之行记趣

陆树林（中国前驻特立尼达和多巴哥、巴基斯坦大使）

2013 年 8 月 7 日至 11 日，我作为中国前外交官代表团的一员，访问了与我国山水相连的邻邦蒙古国。这次访问是中蒙两国外交官年度合作计划的一部分，2012 年蒙方派代表团访华，2013 年轮到我方派团访蒙。代表团团员除我外，还有中国前驻釜山总领事蒋正才、前驻清津总领事刘志刚、前驻马绍尔群岛留守组组长李胡铭参赞、前常驻日内瓦代表团一秘张仲勤等。代表团受到蒙方友好周到的接待。蒙前外交官协会主席乌德沃勒亲到机场迎接，并一直陪同；蒙外交部国务秘书（常务副部长）朝格特赛汗会见我们；邻国司司长图格斯比列贡会见并宴请我们。蒙前外交官协会宴请我们并同我们进行了座谈。我们参观游览了国家文化休闲公园、国家历史博物馆、恐龙博物馆、成吉思汗广场、"父亲树"旅游点、甘登寺、扎那巴扎尔博物馆、宰相山、成吉思汗大营等旅游胜地，观看了民族歌舞。我是第一次访问蒙古国，通过访问，增加了对蒙古国的许多了解，留下了深刻而美好的记忆。

中蒙关系近年有了长足的发展

访问中，我们高兴地获悉，近年中蒙关系有了长足的发展。蒙古国是我国的北邻，人口 306 万，土地面积 156.65 万平方公里，同我国边界长达 4710 公里，是同我边界线最长的国家。中蒙两国于 1949 年 10 月 16 日建交。1998 年 12 月巴嘎班迪总统访华时，两国宣布建立面向 21 世纪长期稳定、健康互信的睦邻友好合作关系。2003 年 6 月胡锦涛主席访蒙时，两国宣布建立睦邻互信伙伴关系。2008 年，习近平同志作为国家副主席对蒙古国进行了正式访问。2010 年，温家宝总理访蒙。2011 年 6 月巴特包勒德总理访华时，两国宣布建立战略伙伴关系。两国经贸关系发展很快，双边贸易额从 2008 年的 24.4 亿美元递增至 2012 年的 65.96 亿美元。中国连续十多年保持蒙最大贸易伙伴和投资国地位。中蒙贸易额占蒙对外贸易额的一半以上。两国在军事方面的合作也在发展。两国之间的人文交流迅速增加，2012 年人员往来 134 万人次，其中蒙公民来华超过 100 万人次。中国在蒙有一所孔子学院、一个中国文化中心和一家孔子课堂。我们下榻的乌兰巴托饭店可以收看中国央视综合频道、体育频道和内蒙古自治区蒙语台节目。蒙在华留学生约 8000 名。中国有 100 余名语言教学志愿者在蒙工作。全程陪同我们的邻国司三秘布勒根女士和工作人员巴特玛格奈曾分别在北京大学和北京第二外国语学院留过学，他们的中文都很地道。布勒根还高兴地告诉我们，她的大女儿不久前也追随她的脚步，考入北京大学留学。

正在大兴土木的乌兰巴托市

乌兰巴托，意思是"红色英雄城"，是蒙古国的首都，现有人口约 130 万。我们发现市内有许多高楼正在兴建，团长告诉我们，市内许多楼房，包括市中心苏赫巴托广场周围的多数高楼都是在他离任后的 7 年间建成的，乌兰巴托市已发生很大变化。10 日，乌德沃勒主席的午宴在中央大厦 17 层举行，我们从餐厅各个方位鸟瞰乌兰巴托市，发现乌市已铺得很广，特别是乌市的母亲河图拉河南岸，房屋鳞次栉比、密密麻麻，许多房屋正在建设中，可见乌市正在大兴土木，快速发展。当然，乌市快速发展的负面效应也是有的，像北京一样，随着人口和

乌兰巴托市中心苏赫巴托广场（供图：视觉中国）

汽车的大量增加，已有堵车现象，空气污染较以前严重。据说，乌市的天空已不如过去那样蔚蓝了。

古色古香甘丹寺

我早就知道蒙古国流行藏传佛教，多喇嘛庙。这次主人安排我们参观了一座喇嘛庙，这座喇嘛庙极具代表性，就是著名的甘丹寺。在蒙古国，流传这样一句话，你如果不到甘丹寺，就等于没到过蒙古国。

甘丹寺，全名甘丹泰格池林寺，意为"全是欢乐的地方"，建于1838年，由当时的五世哲布尊丹巴主持修建，距今已170多年。说一座仅有170多年历史的庙宇古色古香，似乎有些勉强，须知，这座庙宇的风格同西藏拉萨的一座也叫甘丹寺的庙宇风格类似，而那座甘丹

乌兰巴托甘丹寺一景（供图：视觉中国）

寺是藏传佛教格鲁派创始人宗喀巴于 1409 年亲自筹建，较蒙古国的早了 400 多年。但在今天乌兰巴托市现代化建筑越来越多的情况下，称甘丹寺"古色古香"也就不为过了。

甘丹寺旁边有佛学院，为蒙古国和俄罗斯培养藏传佛教人才。据介绍，甘丹寺每年除定期举办盛大的宗教和祭拜仪式外，每年的白月（也就是蒙古国的藏历春节，与西藏的藏历春节时间差不多），蒙古国总统、总理、大呼拉尔主席等都要到甘丹寺祭拜，祈求风调雨顺、国泰民安。

甘丹寺是一个建筑群，共有五座僧院，都是藏式建筑，其中以大殿最为雄伟。殿内一尊高达 25 米的观音像，通体镀金，并镶嵌有许多宝石，十分引人注目。据说该观音像造于 1911 年。

甘丹寺广场上的鸽子之多令人惊奇。我们进寺时看到密密麻麻的鸽子在广场上栖息，出寺时看到同样的景象。大概由于长期受到人们的善待，这里的鸽子不怕人，就是走近它们，也不惊慌飞起。它们飞起时又常常在广场上转圈，在广场上空形成一条粗大的洪流，蔚为奇观。鸽子是和平的象征，寄托着人们对和平生活的热望，我望着这一大片鸽群自由翱翔的祥和景象，内心不禁这样想：历史上以彪悍善战著称的蒙古人，其实内心深处也是渴望和平安宁生活的。

参观恐龙化石

我们在乌兰巴托市参观苏赫巴托广场时，顺带参观了恐龙博物馆。在这里，我们见到了一具十分珍贵的特暴恐龙的化石。

远古时代的蒙古高原，曾是森林密布、水草丰美的绿洲，是恐龙栖息的乐园，因此蒙古国有丰富的恐龙化石。蒙古国的恐龙化石许多曾被偷运到国外，我们在博物馆见到的恐龙化石就是经过交涉后从美国运回的。

据有关资料，这具几乎完整的巨型暴龙骨骼化石有 7000 万年历史，拼接后高约 2.4 米，长 7.3 米，身躯完整度约 75%，头部完整度高达约 80%。古生物学研究表明，特暴龙生存于晚白垩纪的亚洲地区，是暴龙家族中的一种庞大的食肉恐龙。

博物馆的讲解员告诉我们，蒙古国政府认为，在自己国家出土的恐龙化石是国家的宝贵财富，因此立法禁止恐龙化石出口。2012 年 5 月，这具化石在美国纽约的拍卖会

博物馆内的恐龙化石（供图：视觉中国）

上以 105 万美元的价格成交。蒙古国政府得悉后要求取消拍卖,并发表声明要求美国归还。多名专家认定,这具化石于 1995 年至 2005 年间在蒙古国戈壁地区出土。经过近一年的调查后,美地方法院最终裁决化石归还蒙古国。2013 年 5 月 6 日,这具化石在纽约被美国政府正式移交给蒙古国;5 月 18 日,它乘机抵达乌兰巴托。

自 1922 年以来,蒙古国戈壁地区发掘出大量白垩纪恐龙化石,包括原角龙、窃蛋龙和疾走龙等。据介绍,目前在蒙古国科学院古生物研究中心存放着 200 多件恐龙化石,在自然历史博物馆存放着 150 余件,还有被走私到欧美和亚洲国家的 120 多件恐龙化石也将陆续归还。

这具巨型恐龙化石运回乌兰巴托后,蒙古国政府为保护文物和综合利用恐龙化石,决定兴建恐龙博物馆,以存放和展出这具恐龙化石和其他恐龙化石。我们所参观的其实是临时展厅,面积不大,只有一层,展出时间从 6 月到 8 月。幸运得很,我们的访问时间正好在展出日期之内,否则我们就与这具恐龙化石失之交臂了。

蒙古国政府从美国要回这具恐龙化石,并兴建恐龙博物馆,显示了蒙古国政府对保护自己国家出土的宝物和发展旅游业的重视。

美丽的"父亲树"的传说

9 日上午,我们去旅游点"父亲树"游览。这是离乌市 30 多公里的一个有名的旅游点,山清水秀,风景如画,有许多蒙古包式的别墅接待游客。我们先在一个很大的敖包前停车,按蒙古风俗,顺时针方向绕敖包走了三圈,并向敖包扔了石头。所谓"敖包",意即石堆,是蒙古草原上常见的供人祈祷的场所,这同内蒙古的情况是一样的。然后去一山坡爬山,山坡上各色野花正在开放,远处山上,一大片细高的树笔直地挺立着,据说这是一种杉树,英姿勃发,蔚为奇观。布勒根女士指着地上一簇淡白色的小花对我说："这就是雪绒花。"我仔细地端详了这种花，花不大，圆形，有多片乳白色的花瓣。我摘了一朵，高兴地说："我虽然早就学过《雪绒花》这首动听的英文歌曲，但不知道雪绒花到底是什么花，今天我终于见到雪绒花的真面目了！"

爬过山后，我们进入蒙古包式的房子休息和用餐。

用餐时，乌德沃勒主席给我们讲了"父亲树"的典故。原来很早以前，这里原是一片寸草不生的荒漠、荒山，一位父亲带着他的子女来到这里，在这里栽下了第一棵树，细心地浇灌它、呵护它。父亲去世后，他的子子孙孙继续浇灌它、呵护它，直至它长成大树、巨树。在它的周围，小树不断繁殖，使得这片荒漠最后成了一大片郁郁葱葱、鸟语花香的绿洲。为了纪念这位父亲，人们就把这里命名为"父亲树"。我想，这个故事太美了，这不是蒙古国版本的"愚公移山"吗？它体现了蒙古国人民改天换地的决心和英雄气概。回国以后，我还就这个故事写了这样一首诗：

> "父亲树"的传说
>
> 蒙古国有一景点，
>
> 盛名远扬"父亲树"。
>
> 有关传说很动人，
>
> 流传千年不断续。
>
> 此地原本荒瘠地，
>
> 寸草不生不见树。
>
> 冬天风雪夏火焰，
>
> 大地莽莽灰黄天。
>
> 不知何年又何月，
>
> 一位农人来开田。
>
> 带来全家老和少，
>
> 含辛茹苦度年年。

父亲种下一小树，
精心呵护勤浇灌。
无论春夏与秋冬，
日复日来年复年。
父亲走了儿子继，
儿子走了孙子连。
子子孙孙齐努力，
小树渐渐成大树。
大树落子成小树，
绿树遂向四方延。
荒原因此变绿洲，
石滩成了花果园。
后人不忘父亲功，
命名此地父亲树，
子子孙孙永牢记，
艰辛创业老父亲。
馅饼不会自天落，
人间万事出艰辛。

难忘的美味"石头烤肉"

在蒙古国访问期间，吃了不少同牛羊肉和牛奶有关的菜肴，给我印象最深的是"石头烤肉"。

我们一共品尝了两种石头烤肉，一种是邻国司司长图格斯比列贡在"元帅宫"宴请时吃的，另一种就是在"父亲树"旅游点吃的。在"元帅宫"吃的是用羊胃包石头和肉烤的，每人一个胃，里面的肉、石头都是小块的；而在"父亲树"吃的烤肉却是大块的，石头也是大块的，几大盘石头烤肉端上餐桌，马上肉香四溢，让人垂涎欲滴。我算是中国南方人，平时很少吃羊肉，也一连吃了两大块。我们的团长比我吃得更多，他声称这是他的最爱。不仅我们喜欢吃，其他团员也喜欢吃，因此几大盘肉和土豆很快就一扫而光了。

我们特地向厨师了解了这种烤肉的做法，得知这肉是在一种半米多高的金属锅里烤的，把肉、佐料和烧红的石头一层隔一层地放在锅内，上面放上土豆等蔬菜和佐料，盖上盖，焖烤一个多小时就熟了。由于在焖烤的过程中肉内的油和杂质都渗出来了，佐料的味都进去了，因此这种烤肉特别香。据说，古代这种烤肉是在羊皮内烤的，一张羊皮就是一个烤锅。这种方法，就地取材，特别适合在行军作战时使用。

11 日，我们结束对蒙古国的访问，带着蒙古国人民的友谊和我们对蒙古国的美好记忆，回到北京。祝中蒙两国的友谊和友好合作关系与日俱增，两国永做好朋友、好伙伴！

后 记

　　远亲不如近邻。中蒙有着 4700 多公里的边界线，这是中国同邻国最长的陆地边界线。如此密切的地缘关系为中蒙合作提供了得天独厚的条件，两国政府和人民的大力支持更为中蒙关系发展注入了动力。中国连续多年保持蒙古国第一大贸易伙伴国和第一大投资来源国地位。

　　蒙古是最早承认中华人民共和国的国家之一。中蒙建交 60 多年来，两国关系虽经历过一些曲折，但睦邻友好始终是主流。1989 年，两国关系实现正常化。1994 年，双方重新签署《中蒙友好合作关系条约》，为两国关系健康、稳定发展奠定了政治、法律基础。此后，两国关系发展步入快车道，双方高层互访频繁，政治互信不断加深，各领域交流合作持续扩大。1998 年 12 月，蒙古国总统巴嘎班迪访华，双方确定建立两国面向 21 世纪长期稳定、健康互信的睦邻友好合作关系。1999 年 7 月，江泽民主席应邀对蒙古国进行国事访问，充实和丰富了两国睦邻友好合作关系的内涵。2011 年 6 月，蒙古国总理巴特包勒德访华，双方宣布建立战略伙伴关系。2014 年 8 月，习近平主席对蒙古国进行国事访问，双方发表联合宣言，将中蒙关系提升为全面战略伙伴关系。

　　历史上，"草原丝绸之路"和"茶叶之路"都经过蒙古。今天，中国提出的建设"丝绸之路经济带"的倡议与蒙古国的"发展之路"计划高度契合，二者的对接可以把两国的未来发展战略更好地结合起来，使两国共同发展、共同受益，让两国人民得到更多实惠。

　　为配合周边外交和"一带一路"倡议，外交部老干部笔会和五洲传播出版社联手策划的"我们和你们"丛书于 2016 年初正式启动《中国和蒙古国的故事》，委托中国前驻蒙古国大使高树茂担任主编。高大使领受任务后，在较短的时间内组织起两国 24 位作者撰写他们各自经历的中蒙友好故事。24 位作者中，有两国的外交官、学者、企业家、记者等，可以说都很有代表性。他们在不同的时期、不同的领域为中蒙两国友好作出了应有的贡献，他们以亲身经历撰写的回忆文章都很有故事性和可读性。

不幸的是，组稿工作刚刚完成，高树茂大使于 2016 年 8 月 27 日因癌症不治，永远离开了我们。回想起来，高大使应该是在知晓自己病情的情况下毅然担纲主编此书的，他是带着庄重的使命感和高度的紧迫感完成组稿工作的。在本书出版之际，我们再次缅怀高大使为中蒙友好作出的杰出贡献，对他带病主编此书表示崇高的敬意！

高大使在前期组稿过程中，得到了外交部亚洲司和蒙古国驻华使馆的大力支持，时任蒙古国驻华大使策·苏赫巴托亲自撰文分享了自己的蒙中关系记忆。高大使病逝后，外交笔会和黄家骙大使积极协调此书的后续收尾工作，邀请蒙古国新任驻华大使丹巴·冈呼雅格和中蒙友好协会会长张德麟大使作序。此外，多位学者参与了蒙方文章的翻译工作。对上述机构、组织和人士对本书的参与和支持，我们表示衷心的感谢！

中蒙两国人民友谊源远流长、感情深厚。近年来，双方人文交流不断扩大，两国人民彼此更加亲近，对两国关系未来充满期待。亲戚越走越近，朋友越交越深。中蒙两国人民历来都讲情谊、重感情，相信这本书的出版将会让两国更多的民众了解中蒙友好的历史，促进两国人民在更多往来中不断拉近心与心的距离。我们有理由、有信心期待中蒙关系发展更好的明天。

编者

2018 年 6 月